ATLANTIS

Jacint Verdaguer (Folgueroles, 1845 – Barcelona 1902), Catalonia's national poet, fueled the 19th-century Catalan literary renaissance, the Renaixença, by tapping the rich potential of the Catalan language, whose medieval heyday had lapsed into a vernacular hiatus of some three centuries. His remarkable literary achievement, in particular, his foundational epics of Spain (*L'Atlàntida*, 1878) and Catalonia (*Canigó*, 1886), together with his prolific shorter narrative and lyric poetry spanning over 40 years and numbering more than 30 volumes, engaged the popular imagination of his time and place, assuring the rebel poet–priest an enduring popularity and unique place of privilege in European letters.

Ronald Puppo (San Francisco, 1954), prestigious Catalan–English translator, mentor and workshop leader, has authored articles and reviews for *Babel*, *Catalan Review*, *Translation Review* and others, along with book chapters for Reichenberger and Routledge. His adroit, annotated translations include *Selected Poems of Jacint Verdaguer* (2007), *Mount Canigó: A tale of Catalonia* (awarded the 2016 Serra d'Or Critics Prize for Research in Catalan Studies), and *One Day of Life is Life: Joan Maragall* (winner of the 2021 Ramon Llull International Literary Translation Award).

This translation has been published in Great Britain
by Fum d'Estampa Press Limited 2024

001

English language translation © Ronald Puppo, 2024

The moral rights of the author and translator have been asserted
Set in Minion Pro

Printed and bound by Great Britain by CMP UK Ltd.
A CIP catalogue record for this book is available from the British Library

ISBN: 978-1-913744-25-0

ATLANTIS

JACINT VERDAGUER

Translated from Catalan by

RONALD PUPPO

TABLE OF CONTENTS

Nearly a decade before the appearance of his extraordinary long poem *Canigó* (1886)—set in the Pyrenees and celebrating the heroic medieval origins of Catalonia—Jacint Verdaguer penned the no less extraordinary foundational epic of the Iberian Peninsula, *L'Atlàntida*. The remarkable success of these two groundbreaking works, buttressed by Verdaguer's prolific output of shorter epics and lyric poetry of rigorous caliber (see Pinyol i Torrents 2007), fueled the nineteenth-century Catalan literary renaissance, the Renaixença, tapping the rich potential of the Catalan language, whose medieval heyday had lapsed into a vernacular hiatus of some three centuries. Overstating the enormity of Verdaguer's achievement would not be easy. Lluís Solà has observed: "All too quickly did [Verdaguer's] work appear where no one expected it, and all too vertically did it rise from that which, with its appearance, was now indisputable: a renaissance" (2013, 15). Awarded the "Extraordinary Prize" in Barcelona's Jocs Florals, 1877, *L'Atlàntida* drew praise from leading Spanish critics such as Marcelino Menéndez Pelayo (1856-1912), and by writers of other renascent non-nation-state literatures such as Frédéric Mistral (1830-1914) of Provence. Thanks to authors like Verdaguer, wrote Menéndez Pelayo, Spain measured up to "Tennyson, Longfellow, Carducci, Mistral and all the great poets of other lands" (see Farrés 2002, 63); Mistral, whose letter of congratulations to Verdaguer (dated 18 July 1877) appeared in the 1878 edition of *L'Atlàntida*, likened the work to Milton's *Paradise Lost* and Lamartine's *La chute d'un ange*.

Verdaguer's fascination with the lost continent of Atlantis is inseparably bound up with his keen interest in the European encounter with the New World, thematic tandem dating back to his days as a young seminarian in Vic. (For a brief but thoroughgoing biography of Verdaguer, see Pinyol i Torrents 2007.) Abandoning an early poetic attempt to recount Christopher Columbus' first voyage titled *Colom* (Columbus), Verdaguer—encouraged by several awards for shorter poems at Barcelona's Jocs Florals in 1865 and 1866—later submitted an embryonic version of *L'Atlàntida* titled *L'Atlàntida enfonsada i l'Espanya naixent de ses ruïnes* (The Sinking of Atlantis and the Rise of Spain from its Ruins) to Barcelona's 1868 Jocs Florals but won no prize. Ordained a priest in 1870 at age twenty-five, Verdaguer was assigned to a small rural parish north of Vic. Suffering from severe headaches, the poet-priest sought medical care in Barcelona, where in 1874 friends helped secure him a post as ship's chaplain for the Transatlantic Company. From 1874 to 1876, Verdaguer made nine crossings to Cuba and Puerto Rico, then Spanish colonies, and in addition to recovering his health, he completed his epic poem *L'Atlàntida* (what better venue for the task than on the ocean bearing its namesake!), which would triumph at the 1877 Jocs Florals, launching both poem and poet onto the European literary stage and jump-starting Catalan literary production into the bargain.

The prospect of a costly edition of the poem featuring facing prose Spanish translation by versatile writer and civil engineer Melcior de Palau (1842-1910), and cover design by renowned architect and illustrator Lluís Domènech i Montaner (1849-1923), prompted Verdaguer to revise the prize-winning poem by adding a new episode, "Cor d'illes gregues" (Chorus of Greek Islands): the emergence of several islands of Greece sung by the newly appearing islands themselves, and hailed by Menéndez Pelayo as "the poem's best" (Farrés 2002, 21). The insertion of the new chorus left the number of cantos intact: canto seven's previous verses were seamlessly relocated into cantos six and eight. Expenses for the first edition of the revised poem published in 1878 were paid for by Verdaguer's patron, the first Marquis of Comillas, Antonio López y López (1817-1883), the wealthy shipping magnate on whose ships Verdaguer had served as chaplain, and to whom the poet dedicated the work.

Translations of *L'Atlàntida* soon appeared throughout Europe. The first verse translation into Spanish came out in 1884 by Francisco Díaz Carmona, followed by several others, notably the 1930 verse translation by Juan Ots y Lleó, updated editions of which are available today. Albert Savine's prose translation into French appeared in 1883, and a verse translation by Justí Pépratx followed (Paris: 1884, 1887; Montpelier: 1890, 1892, 1894, 1900, the latter with a prologue by Mistral). Prose and verse translations appeared in Italian by Luigi Suñer in 1885 and Emmanuele Portal in 1916; Clara Commer's verse translation into German appeared in 1897 (republished in 1911), Jan Monné's prose translation into Provençal in 1888, Jaroslav Vrchlický's verse translation into Czech in 1891, and Josep M. Gomes' verse translation into Portuguese in 1909. Verdaguer's Irish contemporary William Charles Bonaparte-Wyse began a verse translation into English, corresponding with an enthusiastic Verdaguer between 1881 and 1885; at his death in 1892, Wyse had completed only the "Introduction" and "Isabella's Dream" (on Wyse, see Garolera 1999; on the reception of Verdaguer in France, see Camps 2013; on the reception of *Canigó* throughout Spain, see Vilardell 2013).

The Hermit and the Young Mariner

It is to the sole survivor of a storm-wracked battle of two enemy ships on the sea, one Genoese and the other Venetian, that the venerable hermit will tell the tale of the destruction of Atlantis. The young mariner will listen eagerly to the story of Atlantis' catastrophic demise, which, narrated by the holy sage, extends throughout the poem's ten cantos. This embedded story-within-a-story is framed by the poem's introduction—the battle on the sea and the appearance of the old man who rescues the mariner washed up on the shore—and conclusion, in which the mariner, who turns out to be Columbus, is provided with ships by Queen Isabella to venture the uncharted waters.

The apparently subdued role of the wise hermit and his fictional narration is pivotal to the larger events in two important ways. First, it is the story of Atlantis that sparks the seafarer's imagination to envision a new world beyond the ocean. Yet even more importantly—and given that the sage's homeland is, not surprisingly, Spain (x, 1-18)—it is the singular role of Spain that comes forward as crucial in Verdaguer's historico-mythical construct. On the morning after the cataclysmic sinking of Atlantis, Spain awakes to find the lost continent no longer at her side:

> Spain, summoned by a choir of angels, opens eyes
> to an unknown sea by her naked body. "Who,"
> she asks, "will replace the fallen star in your sky?"
> Embracing her, the joyful sea replies, "You."

Just as in Virgil's *Aeneid* the fall of Troy opens the way to the founding of Rome, with the destruction of Atlantis, stained by corruption, it will be a newly founded Spain that leads the way forward to the next world-changing event: the bridging of the Old and New Worlds.

In the poem's concluding stanzas (conclusion, 168-179), the old man's part in the events comes to completion. Sighting, from a hilltop, Columbus as he sails off in the distance, the sage utters the poem's final verse: "Fly, Columbus—now, at last, I can die!"

Hercules, Hesperis, and the New Hesperia

Though Verdaguer reworks the legendary account, or rather accounts, of the fate of Atlantis to his own design, he is rigorous in his research into a wide range of sources beginning with Plato's first references to the Atlantean demise in *Timaeus* and *Critias*. Farrés points out that in his endnotes to the published poem (not included in this volume) Verdaguer mentions some thirty authors and works, most of which were available to him in various libraries; the poet's personal library included the complete works of Virgil, Élisée Reclus' *La terre*, and Godefroy de Roisel's *Études ante-historiques: Les Atlantes*. In addition, the poet drew up a list of seventeen titles, mostly in French and Italian, dealing with the Americas, Atlantis, and Hercules (for a detailed account of Verdaguer's sources, see Farrés 2002, 29-51).

The crucial point of departure in Verdaguer's Atlantean universe is the rampant corruption and sin that have stained the soul of Atlantis to the point where the Atlanteans—echoing the plight of the Fallen

Angel—would wage war against Heaven and seek to overthrow the Almighty. It is to this sacrilegious rebellion that Jehovah speaks (IV, 145-156):

> "I joined the continents, apart from the waters,
> so in my glory all might raise one song;
> but rife with sin, alas! They must be scattered.
> Why, Eve's children, have you done me so wrong?
>
> "Why spit at me the mud from which I pulled you?
> Always I loved you, forever you forsake me.
> Recall the dreadful Flood when I reproved you,
> and now Atlantis' crime again dictates me.
>
> "So quick to wipe from their hearts my holy laws
> that, poor penmanship, I wipe them from the world;
> and centuries to come will not know where, time was,
> stood tall the Atlantean thrones and tombs of old. […]"]

Jad Hatem (2022) has closely examined the various types of evil (*mal*) that ultimately moved the God of the Old Testament to undertake Atlantis' destruction. The Titan from Thule recites a litany of moral evils culminating in the following (III, 98-101):

> "I have seen wallowing in orgy the tender young,
> fathers putting sons up for sale, elders being
> cast off by grandsons, as though some cumbersome bundle,
> and brothers drinking each other's blood. I have seen——"

However, it is theological evil that proves decisive. Hatem concludes: Only the de-deified world of Atlantis could be destined to extinction in a cataclysm of such magnitude (34).

Remarkably, Verdaguer enlists the legendary pre-Christian figure of Hercules to perform, albeit unwittingly, God's will in the world, thereby securing the triumph of the Judeo-Christian paradigm. Enlarging the historico-mythical field to embrace the heroism of Greco-Roman stamp enhances and strengthens the ultimate triumph of Christendom. The spoiler—appearing as early as canto one—introduces Alcides (Hercules' Greek moniker) as a champion of the Biblical God (I, 105-108):

> Time was great Alcides wandered the earth,
> clearing it, with mighty club, of rude monsters
> and giants at war with God, when there burst
> into flames the snowy Pyrenees Mountains.

The course of the champion of God intersects perfectly with his arrival on the scene in Spain, where the monster Geryon has usurped the throne from its rightful queen, Pyrene, descendent of Tubal, grandson of Noah and servant of the Biblical God. Fleeing Geryon's wrath, Pyrene has taken refuge in the Pyrenees, which her nemesis sets ablaze. Her dying words name Hercules as successor if he can rid her kingdom of the tyrant.

The Greek who would be king confronts Geryon in Gades (Cádiz), where the monster flatters the hero, telling him of the widowed queen of Atlantis, Hesperis, and how wedlock with her would secure for him the throne of Atlantis, a greater prize for the champion than Spain.

> "But this gold crown for your wide brow falls short:
> The world knows none so great as Hercules.
> See how Atlantis in the West draws close?
> No other king than hers are you fit to be. […]"

Hercules then learns from Geryon that to wed Hesperis he must first pick from the orange tree in the Garden of the Hesperides (Hesperis' daughters by her late husband Atlas) "the golden-most fruit of highest reach."

Although the destruction of Atlantis puts paid to its throne, Hesperis—whom Hercules rescues from the cataclysm—will emerge as the founding queen, and mother, of the New Hesperia; whose sons by Hercules will populate the various Iberian and neighboring geographies in the refoundational act of engendering a Spain now empowered by the fusion of Greco-Roman and Judeo-Christian traditions, and where, nevertheless, it is the latter that prevails. Hercules—the most outstanding embodiment of the classical legacy—swears "faith in the God of Tubal for his progeny" (x, 242).

A Spain of Nations

Verdaguer's mythopoetic vision comes through strikingly in his depiction of Spain reborn under the auspices of the God of Tubal. In the New Hesperia, the stem of the golden orange tree planted in Gades by Hercules thrives, its offspring stretching "far in great throngs, / green mantle for Spain [...] and brimming with birds, murmur, fragrance and song, / the longed-for garden is now reborn" (x, 43-46).

Roger Friedlein (2022), in his brilliant study of Verdaguer's mythification of the origins of poetry in the New Hesperia, reveals how Verdaguer used three intradiegetic compositions to provide the New Hesperia with ample and varied foundations in *ars poetica*: the epic odes of the chorus of Greek islands, the intimate lyricism of Hesperis' swan song, and the popular narrative of the Ballad of Mallorca; the latter two of which appear in canto ten.

Hesperis' daughters by Hercules, "noble like her, were of good and tender heart" (x, 52). As for her new sons, they set out one day with their father, who had vowed to raise a city at the foot of Montjuïc (x, 103-106: see also Turek 2022). The band of father and scions wanes in number as each son in turn takes his leave to perform the mythic founding, or renewal, of an Iberian or nearby nation: Gallaecio (Galicia), Luso (Lusitania), Zacyntho (Sagunt in Valencia), Baleu (Balearic Islands), and Sardus (Sardinia). Hercules then raises the city of Barcelona, "laying her out in the arms of Montjuïc— / giant to always watch over her, her gaze seaward set, / a hundred thundering cannons to route her enemies" (x, 212-214).

Hercules, with the solemn inscription "No further beyond," staking and signaling the boundaries of the so-called known world not to be crossed, brings the foundational era to a close. By contrast, it is Columbus' act of transgression in flouting those boundaries that will bring glory to the newborn Spain. Columbus—the dreamer of worlds, and perhaps the actual hero of *Atlantis*—closes the poem with the act of transgression that is sailing beyond Hercules' columns. The dream of Isabella (in the literal sense) coincides with Columbus' dream (in the broader sense), so it comes as no surprise that Spain gives the adventurous dreamer a welcome reception.

Analogously, Verdaguer is also well received by Spain, yet we may find it baffling that the Catalan poet should write the modern foundational epic of Spain in a language that is not Spanish. On the other hand, we may see that it makes perfect sense. A careful reading of the poem suggests that it may have more to say about Spain than about the European incursion into the New World. Hercules is depicted not only as courageous, but also compassionate. He weds Hesperis, the disconsolate widow of Atlas, and by their love are born the founders of the Iberian nations. In a word, the poem is a monument to a plurilingual and plurinational Spain, conceived not only in the mythopoetic wedlock act of love that gives birth to Iberian nations, but also rooted in a Christian cosmology in which embracing diversity is to embrace the divine plan, where it is God "who builds or topples worlds" (x, 233); reiterated a few years later in the concluding verse of Verdaguer's acclaimed poem *To Barcelona*: "For God alone brings down or lifts up peoples."

In the wake of Columbus' voyages, the civilizing mission of delivering Christianity to the New World, benevolent on the surface, unleashed a most un-Christian worldwide subjugation. Consequently, the global context of nineteenth-century colonialism is likely to color our own reading of *Atlantis*; we may be quick to dismiss the work as a product of, or an apology for, colonialism. Still, Verdaguer captures the fragrance of the Americas and its hold on the European Romantic imagination (see Torrents 1995, 112); the magnitude of Verdaguer's accomplishment, and the social, and ultimately political, repercussions of cultural and national renewal would touch the hearts and imaginations of a people whose language was in literary decline. Verdaguer would raise the literary register by tapping the rich and thriving Catalan language, existing already in a wide range of occupational and professional fields, but dispersed and disconnected, deploying lexicon and syntax to their full potential in expressing an array of nuance and emotive force (see Codina 2022, 213-214). We might say that Hercules' foundational act of love is renewed in Verdaguer with his masterful celebration in the collective imaginary of Spain reborn as a rainbow of Iberian nations.

The Translation

As in my previous Verdaguerian adventures in translation (*Selected Poems of Jacint Verdaguer*, 2007; *Mount Canigó: A tale of Catalonia*, 2015), I have set out to render the prominent Catalan poet's acclaimed 2591-line epopee into rhythmic, readable, modern English verse. Nearly the entirety of the nine cantos given voice by the venerable hermit—most of canto seven comprises odes sung by the chorus of Greek islands—feature Verdaguer's superb quatrains of alternating feminine-masculine alexandrines, typically, but not always, feminine at the caesura. The alexandrines are dodecasyllabic, with feminine hemistichs featuring an unstressed, uncounted final syllable. For example (from canto one):

> Al temps que el gran Alcides | anava per la terra,
> tot escombrant-la amb clava | feixuga, arreu arreu,
> de bords gegants i monstres | que a Déu movien guerra,
> en flames esclatava | nevat lo Pirineu.

Rendered into English decasyllables, the lines in this quatrain scan more likely as tetrameter than as pentameter; with, in the first line, an opening spondee "Time was" followed by anapest ("great Al-*ci*-"), iamb ("-des *wan*-"), anapest ("-dered the *earth*").

> Time was great Alcides wandered the earth,
> clearing it, with mighty club, of rude monsters
> and giants at war with God, when there burst
> into flames the snowy Pyrenees Mountains.

The second line might scan as follows: dactyl ("*clear*-ing it"), amphibrach ("with *might*-y"), trochee ("*club* of"), spondee ("*rude mon*-[sters]") with a final unstressed, uncounted syllable; the third line: iamb ("and *gi*-"), anapest ("-ants at *war*"), iamb ("with *God*"), anapest ("when there *burst*"); and the fourth line: anapest ("into *flames*"), amphibrach ("the *snow*-y"), troche ("*Pyr*-e-"), iamb ("-nees *Moun*-[tains]") with, again, a final unstressed, uncounted syllable.

Given the wide variation resulting from scansion, the English translation prioritizes rhythm over strictly construed meter, producing a typically tetrameter, pentameter or even hexameter verse, allowing for a syllabic count of up to fifteen. Prioritizing rhythm means reading stanzas freely, avoiding unnatural metrical pausing. Importantly, the concept of rhythm also takes into account lexical and syntactic choices that, together with meter, blend into a coherent poetic whole (see Packard 1989).

Where rhyming is concerned, the English translation mirrors the *abab* end rhyme of the Catalan alexandrines; the translation also follows the *aabccb* pattern of the introductory and concluding sextains, as well as the *abab* quatrains of "Isabella's Dream." The freely but richly rhyming non-stanzaic decasyllables and hexasyllables of the "Chorus of Greek Islands" are rendered, for the most part, with similarly freely rhyming pentameter, or tetrameter, and trimeter.

We would be hard put to match Verdaguer's perfect end rhyme throughout the entire poem. That said, this verse translation features a broad spectrum of various types of rhyme that readers will discern throughout the English text. For example (from canto nine):

> And of those who brought turmoil into the world,
> not a footprint remains; the Almighty has erased them;
> the thunder of their battles, the flashing bolts they hurled,
> gone: to oblivion the billows have taken them.

> The memory of their grave lost to the centuries,
> but not for fire-spewing Teide, who still tells the main
> of how that night they wrought the debacle together,
> while the sea wails as if eager to do it again.

> Have you not heard the clouds roll out their rugged chant,
> as thunder echoes on cliffs and crags all scored,
> when, his chest ablaze, the Genie of the Atlantic
> recounts the fate of that world to worlds just born?

As in my previous translations of Jacint Verdaguer (2007; 2015) and Joan Maragall (2020), rendering Catalan poetry into rhythmic, readable, modern English verse has meant re-creating an appropriate form–content synthesis by resorting to rhythmic elements such as assonance, consonance, alliteration, weak rhyme, internal rhyme, slant rhyme, sight rhyme, syllabic rhyme and more, then putting it to the test of reading aloud; process in which, more often than not, the ear signals the many bumps in the road, calling for more, and then more, revision.

For the facing Catalan text we have followed the rigorous critical edition by Pere Farrés (2002), deferring to the subsequent edition by Joaquim Molas and Isidor Cònsul (2003) where standardized capitalization replaces Verdaguer's. The Catalan text in this volume reads "Colom" (Columbus), the genuine Catalan name (replacing the archaic "Colon" in its seven occurrences in the poem—one instance of which weakens Verdaguer's rhyme in the final stanza of the introduction).

Once again, I am deeply indebted to a number of Verdaguerian and Catalan language specialists who have helped me navigate the lexical, syntactic and poetic straits of Verdaguer's first huge epic. I have enjoyed the generous support of expert colleagues in response to my endless queries, particularly Ramon Pinyol, Francesc Codina, Àngels Verdaguer, M. Carme Bernal, Eusebi Coromina, Pere Quer and Manel Llanas. As in the case of Verdaguer's *Canigó*, special mention goes to James Wm. Millard, MCIL (Manchester, 1932 – Cleveleys, 2019), colleague and friend whose loving labor produced, in the last years of his life, the first prose translation of *L'Atlàntida* into English. Although unpublished, the manuscript of his translation is kept at the Casa Museu Verdaguer in Folgueroles, the poet's birthplace. My heartfelt thanks, again, to publisher Douglas Suttle for championing my translation.

Finally, I am enormously indebted to the sorely missed Verdaguerian scholar and mentor, Ricard Torrents, who gently nudged me into embarking on a verse translation of *L'Atlàntida*, and to whose memory this translation is dedicated.

I com sempre, gràcies, Teresa.

REFERENCES

Camps Casals, Núria. 2013. "La recepció de Verdaguer a França: traductors i traduccions." PhD diss., Universitat de Vic.

Codina Valls, Francesc. 2022. "Verdaguer en l'alquímia de Palau i Fabre." *Anuari Verdaguer* 30, 209-221.

Farrés, Pere, ed. 2002. *L'Atlàntida* by Jacint Verdaguer. Vic: Eumo Editorial / Societat Verdaguer.

Friedlein, Roger. 2022. "L'autoreflexivitat a l'èpica verdagueriana: *L'Atlàntida* – un mite d'origen de la poesia a la nova Hespèria." *Anuari Verdaguer* 30, 451-471.

Garolera, Narcís. 1999. "Dos fragments d'una versió anglesa, inèdita, de *L'Atlàntida*." In *Homenatge a Arthur Terry*, vol. 2, coordinated by Josep Massot i Muntaner. Barcelona: Publicacions de l'Abadia de Montserrat, 137-158.

Hatem, Jad. 2022. "Le thème du mal dans *L'Atlantide* de Jacint Verdaguer." In *L'Atlantide, le mal et l'éternel féminin*. Jdeidé, Lebanon: Éditions Saër Al Mashrek, 23-54.

Maragall, Joan. 2020. *One Day of Life is Life: Joan Maragall*. Edited and translated by Ronald Puppo. London/Barcelona: Fum d'Estampa Press.

Molas, Joaquim, and Isidor Cònsul, eds. 2003. *L'Atlàntida*. In *Poemes llargs / Teatre*, vol. 2 of *Totes les obres de Jacint Verdaguer*. Barcelona: Proa.

Packard, William. 1989. *The Poet's Dictionary: A Handbook of Prosody and Poetic Devices*. New York: Harper & Row.

Pinyol i Torrents, Ramon. 2007. "Introduction." In *Selected Poems of Jacint Verdaguer: A Bilingual Edition*, edited and translated by Ronald Puppo. University of Chicago Press, 1-19.

Solà, Lluís. 2013. *La paraula i el món: Assaigs sobre poesia*. Barcelona: L'Avenç.

Torrents, Ricard. 1995. *Verdaguer: Estudis i aproximacions*. Vic: Eumo Editorial.

Turek, Isabella. 2022. "Actes fundacionals urbans i monàstics a *L'Atlàntida* i *Canigó* de Verdaguer." *Anuari Verdaguer* 30, 533-549.

Verdaguer, Jacint. 2007. *Selected Poems of Jacint Verdaguer: A Bilingual Edition*, edited and translated by Ronald Puppo, with an introduction by Ramon Pinyol i Torrents. University of Chicago Press.

———. 2015. *Mount Canigó: A tale of Catalonia*, introduction and translation by Ronald Puppo. Barcelona/Woodbridge: Barcino/Tamesis.

Vilardell Domènech, Laura. 2013. "La recepció de *Canigó*, de Jacint Verdaguer, a Barcelona, València, Mallorca i Madrid (1886-1936)." PhD diss., Universitat de Vic.

ATLANTIS

INTRODUCCIÓ

S'encontren en alta mar un bastiment de Gènova i altre de Venècia, i s'escometen en batalla. *Sobrevé gran temporal i un llamp encén lo polvorí d'un d'ells, que, esberlant-se, arrossega també l'altre a l'abisme. Soldats i mariners se'n van a fons; sols amb prou feines se salva un jove genovès que, abraçat amb un tros de pal, pot prendre terra. Un savi ancià, que, retirat del món, vivia vora la mar, surt a rebre al nàufrag; lo guia a un rústic altar de la Verge i tot seguit a sa balma, feta de branques i roca, a on lo retorna. Dies aprés, veient al mariner capficat mirant aquelles aigües, li conta llur antiga història per distraure'l del passat naufragi.*

Vora la mar de Lusitània un dia
los gegantins turons d'Andalusia
veren lluitar dos enemics vaixells;
flameja en l'un bandera genovesa,
5   i en l'altre ronca, assedegat de presa,
lo lleó de Venècia amb sos cadells.

Van per muntar-se les tallantes proes,
com al sol del desert enceses boes,
per morir una o altra a rebolcons;
10   i roda com un carro el tro de guerra,

There meet on the high seas two warships: one Genoese and the other Venetian, engaged in battle. A great storm falls on them, whereat a lightning bolt strikes the powder kegs in one of them. The blast sinks the ship, which drags the other with it down into the drink. Soldiers and sailors are plunged into the deep; only a young Genoese sailor narrowly escapes, clinging to a spar to reach land. An aging wise man who, withdrawn from the world, dwells near the shore comes to the aid of the survivor, leading him to a rustic altar to the Virgin Mary, then to his grotto, fit out with branches and rocks, where he looks after his recovery. Several days later, seeing the young man brooding by the sea, he tells him an ancient tale to raise his spirits.

> One day out by the Lusitanian Sea,
> Andalusia's giant peaks could see
> engaged in battle two enemy ships;
> on one the Genoese banner ablaze,
> 5   and on the other there roared, hungry for prey,
> the lion and litter of cubs of Venice.
>
> Each blade-like bow would strike the lethal blow,
> like under a desert sun two furious boas,
> each bent on dying or on dealing death;
> 10   rolling thunder drives the chariot of war,

fent en sos pols sotraquejar la terra,
temerosa com ells d'anar a fons.

Així d'estiu en tarda xafogosa
dos núvols tot just nats, d'ala negrosa,
15   s'escometen, al veure's, amb un bram,
i atrets per l'escalfor de llurs entranyes,
s'eixamplen acostant-se, les muntanyes
fent estremir a l'espetec del llamp.

Amb cruixidera i gemegor s'aferren,
20   com espatlludes torres que s'aterren
trinxant amb sa caiguda un bosc de pins;
i entre ais, cridòria i alarit salvatge,
ressona el crit feréstec d'abordatge,
i cent destrals roseguen com mastins.

25   A la lluita carnívora i feresta
barreja sos lladrucs negra tempesta
congriada a garbí sobtadament,
i revinclades ones s'arrastellen
damunt les naus, que cruixen i s'estellen,
30   com un canyar dins esverat torrent.

L'espantosa abraçada més estrenyen,
i es topen, se rebolquen i s'empenyen,
acarades ses boques de volcans;
de l'hòrrida tormenta no s'adonen,
35   i escopint foc i ferre, s'abraonen
a la gola d'abismes udolants.

Tal un recer de roures muntanyesos
en temps d'estiu pel llenyataire encesos,
de l'huracà al ruflet devorador,
40   fa ressonar per conques i cingleres
plors i crits i grinyols d'homes i feres,
aspre gemec d'un petit món que es mor.

and jolts from pole to pole a trembling world,
that fears, like they, the gullet of the depths.

So, too, on sultry afternoons in summer
two newborn clouds, dark-winged, on seeing each other,
15 will launch into a bellowing assault,
and drawn by the heat that stirs within each,
they stretch out wide as they approach and meet,
while mountains shudder at the blasting bolts.

They slam together with great cracks and groans,
20 like massive towers that, sent toppling low,
whittle with their demise a forest of pines;
amid the din of savage shouts and screams,
the hostile boarding rings with vicious shrieks
and scores of battle axes fall and rive.

25 Into the broil of the ferocious encounter
are mixed the wrenching wails of the cloud-dark
storm gathering thick and fast in the southwest,
and rank on rank of twisting waves lay siege
to the warships that split and break to pieces,
30 like canebrake swept up in a raging torrent.

The ships press closer in terrible embrace,
colliding, tumbling and thrusting the way,
their volcano mouths aimed point-bank and fixed;
and paying the fast-threatening storm no heed,
35 spewing out fire and iron the while, they reel
headlong into the howling craw of the abyss.

Like mountain oaks grown tall on slopes in stands
are roiled in summer by the woodsman's axe,
so the whipping winds of the hurricane
40 echo through basins and high up on cliffs
the cries and yelps of men, beasts and mastiffs:
bitter whimper of a tiny world that fades.

Ofegant lo brogit de la batalla,
un llamp del cel espetegant davalla
45   de la nau veneciana al polvorí;
se bada i roda al fons feta un vesuvi,
mentres romp la de Gènova un diluvi
d'escumes, foc i flama en remolí.

Càrrega i naus les ones engoliren,
50   i amb elles los taurons s'ho compartiren;
de mil guerrers sols lo més noi roman;
entre escuma a flor d'aigua un pal obira,
i quan lo braç per amarrar-s'hi estira,
altra onada el sepulta escumejant.

55   Mida l'abisme bracejant i, destre,
ne surt muntat a un tros de l'arbre mestre,
que gira on bé li plau com un corser,
i al terbolí es rebat de les zumzades,
com vell pastor al mig de ses ramades
60   de banyegaires bous que abeura el Ter.

Los cetacis aflairen carn humana
que l'àliga de mar també demana,
fent parella amb lo corb; pertot arreu
l'escometen records del cataclisme;
65   a cada pas lo xucla un nou abisme.
Qui el traurà de sa gola? Sols un Déu.

Al cim d'un promontori que roseguen
les ones que a ses plantes s'arrosseguen,
fugint del món dolent la vanitat,
70   vivia un religiós de barba blanca,
de l'arbre del saber mística branca
que floria en la dolça soletat.

Llàntia un dia del món, al cel suspesa,
l'enlluernà amb sos raigs, i en sa vellesa,

Drowning the raucous of the mortal fray,
a bolt hurled from flashing skies strikes the kegs
45   of powder on the ship hailing from Venice;
she plummets to the deep, a new Vesuvius,
while the Genoese careens under the deluge
of foam, fire and flame into the abyss.

All ship and freight are swallowed by the waters,
50   that share the lot together with the sharks;
of a thousand the youngest only remains;
he spots an oar afloat among the wash,
but when he reaches for it with his arm,
another wave pulls him under again.

55   Swept downward yet swimming, and strong of arm,
the mariner emerges on a spar
that, as if mounted on a steed, he steers,
and repels the maelstrom's billowing onslaught,
like a wizened shepherd tending his stock
60   of oxen come to drink at the River Ter.

Orcas pick up the scent of human flesh,
and sea eagles perk with interest afresh,
pairing, for the undertaking, with crows;
beset by the wrecks' debris on all sides,
65   at each turn a new vortex pulls him inside.
Who will rescue him from the chasms? God knows.

High on a headland eroded by waves
incessant at its feet, gnawing away,
from the world's vanity there took his refuge
70   and dwelled a devout hermit, his beard blanched,
of wisdom's tree himself mystical branch
blossoming there in gentle solitude.

Lantern shining bright in the sky one day,
he lit the world with his light, but with age,

75 com per més bell renàixer mor lo sol,
    deixat havia el món i ses corones,
    i nià com alció sobre les ones,
    de sa infantesa falaguer bressol.

    I quan de nits la tempestat brogia,
80 dant far als pobres nàufrags, encenia
    la trèmula llanterna de l'altar;
    i els que amb ull ple de llàgrimes la veien:
    «Ja som a port», agenollant-se deien,
    «veu's-e-la allí l'Estrella de la mar.»

85 Maria! Ella és lo nord del jove tendre,
    que, sentint en son cor la vida encendre,
    amb més coratge rema i més delit;
    i al raig creixent de la celístia hermosa,
    veu de més prop la terra somiosa,
90 com verge a l'ombra d'un roser florit.

    S'hi acosta pantejant, mira i remira;
    mes, ai!, lo promontori que hi obira
    sembla un penyal per l'ona descalçat;
    recula esfereït, com qui entre molsa
95 d'un fresquívol verger, rosada i dolça,
    ha vist un escurçó mig amagat.

    Desviant-se amb molt greu de l'aspra serra,
    cerca amb deler més planejanta terra,
    mes son cor jovenívol no pot més;
100 en ses venes la sang s'atura i glaça,
    i, l'esma ja perduda, al pal s'abraça,
    sentint-se caure de la mort al bes.

    Mes alça al llantió l'ullada trista,
    i a sa claror verda planícia ha vista,
105 per rebre'l, sos domassos desplegar;
    rema d'aire i, de sobte, amorosides,

75 just as the sun, to be reborn, will set,
    he left behind the world with all its laurels,
    and nested like a kingfisher on the waters
    that in his childhood had been happy crèche.

    And when the tempests raged on darkest nights,
80 to guide the hapless shipwrecked he would light
    the flickering lantern high up on the altar;
    and those who saw it, moved to tears, would say:
    "Safe harbor!" and kneeling humbly to pray,
    "From here comes into sight the sea's bright Star."

85 Maria! It is she the young mariner's star,
    and feeling life rekindle in his heart,
    he paddles on with sinew and spirit renewed;
    and by the starlight pouring from the sky,
    he sees the dream-bright land now swathed in shine:
90 a maiden shaded by a rose in bloom.

    Gasping for air, he looks and looks once more;
    but now the headland he is heading for
    seems a sheer wall sculpted by pounding waves;
    he suddenly backs off in fright, as though
95 catching sight, in a fresh and greeny grove,
    of a lurking, stealthy venomous snake.

    Turning away from the escarpment, chagrined,
    he hopes to beach on more suitable ground,
    but his unseasoned heart draws near the end:
100 the blood in his veins, freezing, grinds to a halt,
    and drained of his forces, he clings to the spar
    sensing, as it approaches, the kiss of death.

    But as he lifts his sorry gaze to the lamp,
    ashore by its light, he sees a broad green ramp
105 to welcome him with fine damasks unfurled;
    he quickens his paddle, and suddenly now tame,

fins l'ajuden les ones, enternides
de veure'l tan hermós agonisar.

Gronxant-lo, com en braços de sirenes,
110 lo posen en blaníssimes arenes,
de joncs i coral·lines en coixí,
quan, com ull amorós en gelosia,
d'entre els cingles de Bètica sortia,
per veure el món, l'estrella del matí.

115 En lo sorral ou remoreig de passos,
i, oh santa Providència!, obrint-li els braços,
lo venerable vell se li apareix.
—Vine—li diu—; al primer raig de l'alba
te vull acompanyar a la que et salva,
120 per qui la primavera refloreix.—

Un viarany que es clou entre falgueres
los guia a un bosc d'alzines i oliveres,
del munt platxeriós turbant gentil,
on veu entre el brancatge que floria,
125 sota cortines d'heura i satalia,
d'un altar de la Verge el camaril.

Entra el nàufrag al místic oratori,
i, fent d'un aspre tronc reclinatori,
cau als peus de la Imatge de genolls;
130 i per ses galtes tendres i colrades
pels besos del Mestral i les onades
corren de goig les llàgrimes a dolls.

Dins un esquei, frontera a la capella,
una celda es desclou, celda d'abella,
135 entre els braços molsosos d'un penyal;
allà de fruit mengívol lo convida,
sobre jonça apelfada, encara humida
per la pluja batent del temporal.

there come to his aid softer, gentler waves,
moved to see so fine a lad quit this world.

Cradling him, as if by sirens, the billows
110 lay him on the softest sands, and for pillow,
they fit him out with reeds and coralline;
then, as though struck by love a jealous eye,
between the peaks of Baetica came to rise,
eager to see the world, the star of morning.

115 On the beach he hears the approaching of steps,
and opening his arms—Providence be blessed!—
there stands before him the venerable sage.
"Come along," says he, "I want to take you,
at dawn's first ray, to the one who has saved you,
120 the one for whom the springtime brings bouquets."

A path that winds through a thicket of fern leads
them to a wood of oaks and olive trees,
for this delightful hill a noble turban;
there, among branches in blossom is raised,
125 seen beneath ivy and musk rose for drapes,
the alcove for an altar to the Virgin.

Into the mystical oratory steps
the mariner, a crude log the kneeling bench
where he falls at the Holy Mother's feet;
130 and down his tender weather-beaten face,
kissed by the rugged mistral and sea waves,
roll tears of magnificent joy in streams.

A crevice before the chapel reveals
a cell inside, cell of a honeybee
135 cuddled in the mossy arms of great boulders;
here, the sage invites him to tasty fruit,
on a floor of velvety jonquil still humid
from the pounding rain of the previous storm.

Vora la mar semblava el cap de serra
140   lo mirador del cel sobre la terra;
un dia que rodaven pel bell cim,
veent lo vell al mariner pensívol,
lo crida a seure sota un roure altívol,
a on no arriba el salabrós ruixim.

145   I obrint lo llibre immens de sa memòria,
descabdella el fil d'or d'aquesta història,
de perles d'Occident pur enfilai;
i el jove, per qui Europa era poc ampla,
de l'ànima les ales més eixampla,
150   com l'àliga marina al pendre espai.

De migdia amb los raigs la terra envolta,
com vella els fets de sa infantesa escolta,
i el mar, mig adormit, aixeca el front;
tot barreja sa música al gran càntic;
155   lo vell semblava el Geni de l'Atlàntic,
mes son gentil oient era Colom.

This mountaintop that rose hard by the sea
140 was heaven's look-out over the earth, it seemed;
as the two wandered the summit one day,
the sage saw that the mariner looked aggrieved,
and bade him sit beneath a tall oak tree,
far beyond the reach of the salty spray.

145 And opening the immense book of his memory,
he unravels the golden thread of his story,
a string of pearls of the West beyond price;
and he who found Europe's measures too narrow
spreads wider and wider the wings of his soul,
150 like a sea eagle taking to the skies.

The earth, wrapped in the sunbeams of the noonday,
hears eagerly the tale of its early days;
all joins in the music as each song does;
and the sea raises its head, half asleep;
155 the sage, Genie of the Atlantic, it seemed,
and noble listener of his tale: Columbus.

CANT PRIMER.
L'INCENDI DELS PIRINEUS

Exposició. *Lo Teide. Espanya naixent. La veu de l'abisme. Invocació al Déu de les venjances. Naix un gran foc entre Roses i Canigó, fent pastura de boscos i ramades. La maça de Roland. L'incendi abriga el Pirineu d'un cap a l'altre. Hèrcules s'hi acosta aprés de batre els gegants de la Crau, i d'entre les flames trau a Pirene. Eixa diu-li ser cap de brot de la nissaga de Túbal i reina d'Espanya, tot just destronada per Gerió, qui, per segar-li millor l'avantatge, veient-la fugir a la muntanya, ha calat foc a ses boscúries. Pirene mor i Alcides li alça un mausoleu de roques a l'extrem de la cordillera, allargant-la fins a la mar. Regalims d'or i d'argent que dels roents cingles baixaren a les planes. Conflent i Portvendres. L'hèroe se'n baixa cap a Montjuïc, a on s'embarca, prometent fundar una gran ciutat a l'abric d'aquella serra.*

Veus eixa mar que abraça de pol a pol la terra?
En altre temps d'alegres Hespèrides fou hort;
encara el Teide gita bocins de sa desferra,
tot braolant, com monstre que vetlla un camp de mort.

5   Aquí els titans lluitaven, allà ciutats florien;
pertot càntics de verges i música d'aucells;
ara en palaus de marbre les foques s'hi congrien,
i d'algues se vesteixen les prades dels anyells.

CANTO I.

THE PYRENEES IN FLAMES

*Exposition. Mount Teide. The birth of Spain. The voice of the abyss.
Invocation to the God of vengeance. A great fire breaks out between
Roses and Mount Canigó, devouring woods and herds. Roland's mace.
The fire spreads across the Pyrenees from end to end. Hercules approaches
after battling the giants of La Crau and pulls Pyrene from the flames.
She tells him of her lineage from the Tubal dynasty and reign as queen
of Spain, now dethroned by Geryon, who, to seal her demise and seeing
her take flight to the mountains, set them afire. Pyrene dies and Alcides
raises a mausoleum of great rocks to her at the end of the cordillera, ex-
tending it to the sea. Streams of gold and silver from the burning peaks
descend onto the plain. Conflent and Portvendres. The hero makes his
way south to Montjuïc, where he embarks, promising to found a great
city sheltered by the mountains.*

See that ocean reaching from pole to pole?
Once cheerful garden of Hesperides,
Teide, even now, bellows out his growl
of graveyard watch and spews up its debris.

5   Here Titans fought amid flourishing cities;
where lifted birdsong and music of maids;
now seals assemble in marbled halls, and seaweed
drapes the pasturelands where sheep once grazed.

Aquí estengué sos marges lo continent hesperi;
10   quins mars o terres foren ses fites, ningú ho sap;
lo sol, però, que mida d'un colp d'ull l'hemisferi,
era petit per veure'l a pler de cap a cap.

Era el jou d'or que unia les terres ponentines,
i, cor de totes elles, com font del paradís,
15   los dava clares aigües a beure i argentines,
i en sos immensos braços dormia el món feliç.

Per ella es trametien, com per un pont amplíssim,
d'un maig etern en ales, ses cries i llavors,
aucells de ros plomatge, de refilet dolcíssim,
20   dels aromers la flaire, cantúries i tresors.

Rei n'era Atlas, aquell qui de la blava volta
los signes a una esfera de jaspi trasplantà,
i del sol i de l'astre que més lluny giravolta
la dansa misteriosa i harmònica explicà.

25   Per ço, dels fills de Grècia la somiosa pensa
lo veia, com muntanya, tot coronat d'estels,
i ajupit, sens decaure, davall sa volta immensa,
servant amb ferma espatlla la màquina dels cels.

En gegantesa i muscles sos fills li retiraren,
30   mes com un got de vidre llur cor fou trencadís,
puix, après que els realmes i tronos revoltaren,
també el de Déu cregueren seria escaladís.

Mes una nit bramaren la mar i el tro; de trèmol
com fulla en mans del Bòreas, l'Europa trontollà,
35   i despertada a punta de dia al terratrèmol,
d'esglai cruixint-li els ossos, no veia el món germà.

I assaborint lo tebi record de sos abraços,
semblava viuda dir-li: «Oh Atlàntida, a on ets?

Here the Hesperian continent stretched wide;
10   what seas or lands her limits, none can say;
even the sun's scope of hemisphere entire
fell short of fitting all in its embrace.

The golden yoke that linked the Western lands,
she was their very heart, and from her poured
15   clear waters fresh from Paradise, and
in her huge arms there slept a happy world.

Through her passed, as over the broadest bridge,
a May on wings eternal, hatching and seeding,
with soothing trills from birds of shining plumage,
20   fragrant mimosas, all wonder and melody.

Atlas was her king, who, for all to see
unlocked the mysteries of the azure vault,
the dance of sun and stars in harmony,
their signs transposed upon a jasper ball.

25   And so the dreamful minds of Greece's children
saw him: a mountain with a starry crown,
and crouched, untiring, beneath the huge heavens,
bearing the timeless clockwork on his own.

His sons took his giant's muscles and physique,
30   and they toppled many a reign and rod,
but their hearts were brittle as glass, and weak:
they presumed to subdue the throne of God.

One night the thunder roared and Europe quaked
as though a trembling leaf that had been hurled
35   by Boreas, and waking to the break of day,
bones rattling with fright, saw no sibling world.

And now but memory her sister's embrace,
she cries out, widowlike: "Atlantis! Where are you?

Com solia, ahir vespre m'endormisquí en tos braços,
40 i avui los meus no et troben, d'esgarrifança freds.

On ets?» I, ai!, on l'hermosa solia els cors atraure,
lo pèlag responia: «Jo l'he engolida anit;
fes-te enllà!; entre les terres per sempre em vull ajaure;
ai d'elles, ai!, si m'alço per eixamplar mon llit!»

45 Li carregà feixuga l'Omnipotent sa esquerra,
i el mar d'una gorjada cadavre l'engolí,
restant-li sols lo Teide, dit de sa mà de ferre,
que sembla dir als homes: «'Atlàntida era ací.»

Eix màstil de navili romput illes rodegen,
50 de Jezabel impura com rebatuts quarters;
quan al passar los segles sa gran desfeta vegen,
diran: «Mirau on para la via dels plaers!»

Fou lo gegant que pinten amb tot l'Olimp en guerra;
l'ixent sol amb sos braços tocava i el que es pon;
55 i no content d'estrènyer, com dintre el puny, la terra,
d'estels volgué pujar-se'n a coronar son front.

Mes del Tronant brunzenta, derrocadora flama,
de sa escala de cingles suspesos l'estimbà
al mar bullent de sofre i ones de foc, on brama,
60 retorcent-se a la càrrega feixuga d'un volcà.

I a tu, qui et salva, oh niu de les nacions iberes,
quan l'arbre d'on penjaves al mar fou sumergit?
Qui et serva, jove Espanya, quan lo navili on eres
com góndola amarrada, s'enfonsa migpartit?

65 L'Altíssim! Ell, de nàufrag tresor omplint ta popa,
del Pirineu, niu d'àligues, t'atraca als penyalars,
dessota el cel més blau, darrere eix mur d'Europa,
i al bressoleig, com Venus, de dos immensos mars.

Last night sleep took me in your arms, as always,
40   but mine, now cold and shivering, find solitude.

"Where are you?" And from the spot whose beauty once
pulled hearts, the sea replied: "I swallowed her
this night. Retreat! I wish to lie among
lands: Woe to those that I might stretch out farther!"

45   The Almighty's left hand struck the crushing blow,
and with one gulp the waters dragged her under,
one finger, Teide, standing all alone—
reminder of Atlantis torn asunder.

Teide, shipwreck's mast now circled by isles,
50   resembling shameless Jezebel dismembered;
when passing centuries see the sorry sight,
they'll say: "Behold the fateful path of pleasures!"

Atlantis was the giant at war with all
Olympus; arching the rising and setting suns;
55   but not content with all the earth for hall,
she sought the very stars to crown her front.

The rolling Thunder's razing flame expelled
her from her high-flung stair and plunged her deep
beneath the fiery waves and sulphur's meld
60   amid the jetsam on the boiling sea.

And you, who saved you when, Iberian nations,
the tree that lodged your nest sank far below?
Who came to your gondola's rescue, young Spain,
tied to the great ship dealt the sinking blow?

65   The Almighty! He the One who filled your stern
with bounty, moored to eagle-nested Pyrenees,
beneath bluest skies, Europe's wall astern,
cradled, like Venus, between two sweeping seas.

Per ço de les riqueses lo déu en tu posaren
70   los grecs, entre argentífers turons veent-te florir;
millor que el d'or de Colcos preuat velló hi trobaren,
i a Homer dares l'Elíseu, i a Salomó, l'Ofir.

De l'Atlàntida al veure't hereva, en son enterro
los pobles que et festegen digueren: «Ella rai!,
75   què importen a l'abella los trossos de ton gerro,
si, flor dels vinents segles, los quedes tu?» Mes, ai!,

quan l'huracà amb ses ales remou lo negre abisme,
jo sento, entre el diàleg dels mars, sa fonda veu,
tètric gemec que encara li arranca el cataclisme,
80   i a les terres que foren germanes crida: «Adéu!

Fui la major de totes, podria dir-vos filles;
Europa entre madrèpores dormia allà al pregon,
lo Caucas i Apenins eren rengleres d'illes,
i ja l'Abril cenyia de roses lo meu front.

85   He vist d'un llit de perles alçar Nàpols e Ibèria;
he vist Sahara, Grècia i Egipte al fons del mar;
l'onada he vist que em colga jugar sobre Sibèria,
i espinada d'Europa, los Alpes eriçar.

Geganta, jo engrapava com mà de Déu la terra,
90   amb l'Atlas, Serra Estrella i els Pirineus per dits,
i un vespre, obrint ses boques, l'abisme fosc m'enterra,
los elements tots quatre dansant sobre mos pits!

I vosaltres? Vosaltres, la mar que us embolcalla
llançau a mes espatlles, badant los ulls al sol;
95   vostres bolquers d'escuma me dàreu per mortalla,
com orfenets de mare rient en lo bressol.

Què val ara que mostre Plató diví a la història
mon nom escrit amb astres del cel en lo llindar,

In you the god of wealth was put by Greeks
70   for silver-laden hills; and storied Colchis
was never seen to yield such priceless fleece;
to Homer, Elysium; to Solomon, Ophir.

On seeing you heir to Atlantis, at her grave
the peoples who would be your suitors said:
75   "What matter to the bee your broken vase,
when flowering centuries will be yours?" And yet,

when hurricanes' wings stir the dark abyss,
I hear her voice amid conversing swells,
deep and dismal, heaved up by the cataclysm,
80   crying out to lands once her sisters: "Farewell!

"I, eldest of you all, might call you daughters;
in depths amid the corals Europe slept,
mere strings of isles the Apennines and Caucasus,
my brow with April's roses long bedecked.

85   "When pearl beds I saw Naples and Iberia;
Sahara, Greece and Egypt on the sea's floor;
my graveyard's waves at play above Siberia,
and Europe's backbone, I saw the Alps break forth.

"I, giant, grasped the earth like the hand of God,
90   the Atlas, Serra da Estrela and Pyrenees
my fingers; and then one night, with gaping maw,
the abyss entombed me, the elements in dance and feast.

"And you, sisters? You launched your blanketing sea
at my shoulders, your eyes opening to the sun;
95   your foamy diapers were my winding sheet,
you motherless orphans filling the nest with fun.

"What matter if divine Plato writes my name
for all history in stars at Heaven's door,

43

si ja de mi perdéreu, ingrates, la memòria,
100   mes ai!, i em bat per sempre la immensitat del mar?»

Senyor de les venjances, donau alè a mon càntic,
i diré el colp terrible que, rebatent-la al fons,
féu desbotar als amples Mediterrà i Atlàntic
    per desunir los mons!

105   Al temps que el gran Alcides anava per la terra,
tot escombrant-la amb clava feixuga, arreu arreu,
de bords gegants i monstres que a Déu movien guerra,
en flames esclatava nevat lo Pirineu.

Des d'on lo sol al nàixer ja daura ses boscúries,
110   amb brams i cruixidera, l'incendi, a coll del torb,
duia sos rius de laves a Roncesvalls i Astúries,
sens ésser-li congestes, torrents ni colls, destorb.

Apar serpent immensa, d'escata vermellosa,
que a través de l'Europa, d'un mar a l'altre mar,
115   respirant fum i flames, pàssàs esgarrifosa
son cabell de guspires i foc a rabejar.

I avant, ronca, assaïna i udola, amb sa alenada
cremant com teranyines los núvols de l'hivern;
de cingle en cingle passa les valls d'una gambada,
120   vessant-hi com un cràter les flames de l'infern.

Tot cabdellant arbredes, penyals del cim rodolen,
rost avall freixes cruixen i faigs esbocinats,
i la fumera i flames amunt se caragolen
amb quera i pols dels rònecs albergs enderrocats.

125   Al veure que ses llàgrimes no poden apagar-los,
girant-s'hi s'escabellen i fugen los pastors;
al llur darrere belen anyells, i, sens tocar-los,

if you, thankless, hold no memory of my fame,
100 and I, pounded by the sea forevermore?"

Give Thee wing to my song, O Lord of Vengeance,
and I'll put the terrible blow into words:
the Atlantic and the Mediterranean
    unleashed to disunite the worlds.

105 Time was great Alcides wandered the earth,
clearing it, with mighty club, of rude monsters
and giants at war with God, when there burst
into flames the snowy Pyrenees Mountains.

From the spot the newborn sun gilds the woodlands,
110 the wild inferno sped its seething lavas:
no glacier or torrent could quench the whirlwinds
blazing clear to Asturias and Roncesvalles.

It seemed a red-scaled serpent, huge and horrible,
reeling and surging in thick smoke and flames,
115 spanning Europe from one sea to another,
shaking out the sparks and fire from its mane.

Advancing in roars and snorts and howls, its
foul-reeking gusts of breath burnt winter clouds
like cobwebs; striding valleys from cliff to cliff,
120 heaving hell-flames like craters from deep down.

Razing timberlands, great boulders roll from peaks;
upward spirals the pall of flame and smoke,
fed by headlong tumbling beech and ash trees,
and from deserted shelters, rubble and stones.

125 Seeing their tears no use in quelling the flames,
herders turn to despair and take flight;
and their bleating flocks rush to do the same,

fugen amb ells los óssos i llops udoladors.

Així en fugia el moro, quan amb un riu de ferro
130   aquells turons nos duien lo crit del brau Roland;
ensems que amb l'amenaça de mort i de desterro,
son mall volà on Esterri l'aguaita tremolant.

Ni a l'àliga li valen les d'or potentes ales;
prop del cel, on s'enlaira com a penjar-hi niu,
135   l'eixalen roges flames, i cau, i amb les cucales
i cisnes de les aigües les cou l'incendi viu.

Branca d'un torb de brases arrasador, estanya
la conca amb sos vilatges, la serra amb sos pinars;
fins les marines vores, franja d'argent d'Espanya,
140   les renillantes ones pledegen a les mars.

Teixons, isards i daines per la drecera empaita,
pel clot s'entortelliga, bota del pla al turó,
al davallant cabussa lo còdol que hi aguaita,
i se l'endú per ròssec fet cendres i carbó.

145   I el que entre Espanya i França torreja, mur de roca,
de neu i de tempesta vestit, com braç de Déu,
de l'estrellada tenda los blaus domassos toca,
muntat d'altre de brases horrible Pirineu.

Apar que la serp monstre, per estrafer un cometa,
150   s'enarboràs amb ales d'incendis al cel blau,
o que a l'assalt pujant-hi, s'hi fessen esqueneta
escardalencs dimonis, rebuig del negre cau.

De gom a gom quan s'umple l'espai de fumarel·la,
i es fon d'un cap a l'altre la serra de cremor,
155   sota el mantell de flames que l'huracà flagel·la,
la terra adolorida gemega com un cor.

while, posing no threat, bears and wolves file behind.

So fled the Saracens when faced with rivers
130   of steel, the hills echoing brave Roland's horn;
the plain of Esterri trembled and shivered
at the fate wrought by the mace he sent airborne.

Nor even the mighty golden wing of the eagle
keeps him safe: high in his heavenward home,
135   the conflagration's assault sends him wheeling,
consumed below along with swans and crows.

The storm of embers spreads, blankets and scorches
far to the shorelines, silvery fringe of Spain,
takes low-lying villages and high forests,
140   and whinnying waves call out their seaward plaint.

It coils through hollows, bounding from plain to hilltop,
and cuts off badgers, izards and deer mid-path,
pitching off cliffs and down steep slopes great rocks
that stir in a wake of cinder and ash.

145   And that wall of rock between Spain and France,
fit out in snow and storms, like arm of God
touching the star-strewn tent of blue damask,
a second Pyrenees of embers now tops.

Miming comets, this monstrous serpent seems
150   to lift on fiery wings up to the heavens;
or barred from entry in their deep ravines,
whisked aloft by gaunt demons from dark dens.

When filled with billowing smoke from cape to cape,
and as the range is melted from the heat,
155   beneath the flames fanned by the hurricane,
the very earth moans like a heart aggrieved.

En tant, del Ròse vora les aigües, apedreguen
a l'hèroe grec deformes i rabassuts gegants;
sota quiscun dels còdols que a bell ruixat li engeguen
160   podrien soplujar-s'hi ramada i ramadans.

Lo creuen ja entre penyes colgat, com en sa fossa,
quan de l'enuig la flama llampeguejà en son ull,
i amb quatre colps de clava, los bolca i los destrossa,
com terrosseda d'aspre goret lo pas del trull.

165   Llavors al gran incendi rabent endreça els passos,
rogenc damunt los núvols veent-lo crestejar;
i oint-hi plors i xiscles, hi fica els nusos braços,
fent als pastors i pobles d'espasme tremolar.

De Canigó entre els cingles un xaragall se bada,
170   per esbarzers i roques caientes aclucat,
on d'una a l'altra el foc, en gegantina arcada,
com l'alt pont del Diable, s'havia escamarlat.

Sols lledoners en brasa rodant-hi hi coetegen,
bell rastre de guspires deixant i flamareig,
175   mes tot seguit a l'aigua del còrrec xiuxiuegen,
i tristos ais responen de l'ona al borbolleig.

Pirene, lluny dels homes, vivia allí, dels óssos
i llops en lo feréstec, rellent amagatall,
sobre un roc, mal coberta d'un mant de cabells rossos,
180   de por i esgarrifances fent lo darrer badall.

Del bosc de flames mústiga la trau, com vera rosa
que enyora, trasplantada, son marge regadiu,
i tan bon punt d'un salze al dolç frescal la posa,
colltorcent-se esllanguida:—Jo moro ací!—li diu.

185   —I a tu, que entre les ales del cor m'has acollida,
d'Espanya que tant amo vull-te donar la clau,

Meanwhile, beside the waters of the Rhone,
besieged by stocky malformed giants, the Greek
is now assaulted by a rain of stones,
160 whose span both herder and herd could shield beneath.

They think him buried under boulders, as though
in his grave, when a flame of anger glints in his eye;
he lets loose with his club a round of blows
that smashes them like grapes at crushing time.

165 Then, seeing the conflagration rise and glow
above the clouds, he rushes to go near;
amid the shrieking he makes his bold stroke,
shepherds and hamlets all trembling in fear.

From the heights of Canigó there pours a stream,
170 now stemmed by brambles and collapsing cliffs,
where the fire comes straddling from peak to peak,
as if a giant arching Devil's Bridge.

Hackberries in embers rocket everywhere,
bright paths of sparks and flames trail quick behind,
175 though in the waters soon they are but whisper,
and from the bubbling come the waves' sad sighs.

Here in the wild lived Pyrene, far from men,
damp den and hiding place of wolves and bears,
afraid and trembling, breathing her last breath,
180 on a rock with no veil but her fall of hair.

The hero takes her from the burning forest,
a withered rose from lost green riversides,
and puts her by a cool willow to rest;
with drooping head, she says: "Here I shall die.

185 "But to you I give the key to my beloved
Spain; you who open your heart's wings to me:

49

d'eix hort del cel que en terra te guarda una florida
d'amor; si traure'l d'urpes tiràniques te plau.

Encara eixamoraven los puigs ses cabelleres,
190   que destrenà el Diluvi dant-los la mar per vel,
i ja oblidant-se'n l'home, hi obria grans pedreres,
alçant vora l'Eufrates l'altívola Babel.

A sos palaus l'Altíssim veent posar escales,
de confusions enrotlla la torre de l'orgull,
195   i, com sol la covada d'aucells al posar ales,
los primers pobles deixen llur niu amb gran esbull.

Del món quiscú a sa branca volà: Túbal a Espanya,
dels regnes de son pare triant lo més feliç,
i a on jau Tarragona bastia sa cabanya,
200   sos camps i ribes fent-li records del paradís.

Donà lleis a sa prole i ensenyaments pasqué-li,
salvats al si de l'Arca del naufragi major;
lo nom d'un Déu Altíssim en l'ànima escrigué-li,
naixentes endreçant-hi les ales del seu cor.

205   De mans en mans, pels segles rodant lo ceptre aurífic,
vingué a les del meu pare volgut; quan, per mon dol,
la mort tirana el treia de trono tan magnífic,
podia a rellevar-lo baixar lo mateix sol.

Mes sola jo restant-li de sa real nissaga,
210   a Espanya ve, com a arbre caigut un llenyater,
Gerió de tres testes, dels monstres lleigs que amaga
l'assoleiada Líbia, lo més odible i fer.

Lo ceptre em pren dels avis, veent-me dèbil dona,
i a Gades mercantívola amb torres enfortí;
215   al dar-te'n de més fermes a tu, immortal Girona,
sabé el congost on, veent-me perduda, m'amaguí.

this heavenly garden that keeps a flower of love
for you—should you free her from tyranny.

"When mountains were still shaking out their tresses,
190   drenched by the Deluge that veiled them in sea,
mankind, quick to forget, quarried and erected
high Babel by the shores of the Euphrates.

"The Almighty, seeing their palaces raise stairs,
struck confusion into the tower of pride,
195   and like a clutch of birds launched on the air,
the first of peoples erupted in flight.

"Each fled to their branch of the world: Tubal, to Spain;
he set his house where Tarragona lies,
choosing the happiest of his father's reigns,
200   her fields and shores recalling Paradise.

"He gave his people the knowledge and laws
kept safe from the Flood in the hull of the ark;
guiding the burgeoning wings of their souls,
the name of God Most High inscribed in their hearts.

205   "From hand to hand was passed the golden scepter
through the centuries, then into my father's came;
when wrenched from him his throne by cruel death,
the very sun might speed to take his place.

"I alone remaining of that royal stock,
210   to Spain, like woodcutter to a fallen tree,
there came among all Libya's vicious monsters
the most hateful: Geryon, whose heads were three.

"Seeing me woman and weak, he took from me
the ancient scepter and raised in Gades high walls;
215   Girona immortal, I sought your deep ravines
and took to hiding from the tyrant's claws.

Tement potser que el trono li reprengués un dia,
cremà, per a abrusar-m'hi, les selves al voltant;
i al veure clos lo rotllo de flames, pren la via
220 de Gades, amb ses vaques feixugues tot davant.

Expiro! De ses viles i sos ramats só hereva:
si els vols, jo te'n faig gràcia; suplanta'l amatent;
revenja el nom de Túbal i sa corona és teva;
així en ton front la faça més gran l'Omnipotent!—

225 Digué, i la mort, amb freda besada geladora,
li empedreeix i deixa per sempre el llavi mut,
i vora el sec cadavre lo grec sospira i plora,
com arbre a qui ses branques florides han romput.

Mes ja a l'incendi roges esclaten les muntanyes,
230 i per esqueis i balmes, filera de volcans.
foragiten los fosos tresors de ses entranyes,
que copsen en llur falda les planes verdejants.

I ragen fins a escorre's les abocades urnes
en rierons aurífers de virginal rossor;
235 per ella el cel, al veure-s'hi rublert de fum i espurnes,
daria la dels astres que lluen en son cor.

Al desfer-se a madeixes de gebre lo litarge,
a flocs de groga escuma s'hi barrejà l'or fi;
i davallen, per l'iris guiats de marge en marge,
240 com nins, a fer joguines pel català jardí.

Així al traure florida lo romaní i la malva,
per la quintana es vessa d'un buc rosada mel;
rient al deixondar-se lo sol darrere l'alba,
així emmantella rossa sa cabellera el cel.

245 Los munts se'n feren faixes, les valls se'n coronaren,
vergonya fent als trèmuls estels sa brillantor;

"Fearing one day I might take back my reign,
he set the woods on fire then left for Gades,
assured I was encircled by the flames,
220   driving before him his corpulent cattle.

"Death takes me! To all my father's towns and herds
I am heiress: if you wish, avenge the name
of Tubal and rule his kingdom in earnest,
and may the Almighty in you increase its fame."

225   So said, death's icy kiss brings its long sleep;
from Pyrene's lips will come no further sound;
beside her body the Greek sighs and weeps,
a blooming branch now broken on the ground.

The mountains blaze red in the conflagration,
230   and through the crevices and grottoes pour
the melted volcano treasures, culled in aprons
of green plains, seething from the cratered core.

These urns spout to the dregs their glittering streams
of maidenly blush; for which the very sky,
235   now brimming bright with strange new sparks and gleam,
would swap its crown of stars and all their shine.

The litharge turning into icy hanks,
fine gold is mixed with foamy yellow flakes,
while rainbows guide their fall from bank to bank,
240   like children on their Catalan porch at play.

So it is when rosemary and mallow flower:
nearby fields sparkle and brim with honeyed hives;
the sun delights in waking at dawn's hour,
her golden tresses mantling gilded skies.

245   Hilltops wear the wealth as sashes, valleys as crowns,
whose brilliance piques the pride of flickering stars;

los rosers d'altra pluja de roses s'enjoiaren,
la farigola i grèvol, d'una rosada d'or.

La pirenaica Venus anomenà a Portvendres,
250   l'abrasador incendi, al Pirineu antic,
i en conca d'esmaragda lo líquid verge al pendre's,
donà nom a Conflent encara més bonic.

Quan los llevants plorosos anaren la muntanya,
amb llurs arruixadores de núvols, apagant,
255   posà en son cap, que al nàixer l'albor del dia banya,
les cendres de Pirene, que enyora son cor tant.

I esmerletant de timbes i grops aquelles terres,
escrestant les muntanyes, llevant als puigs lo front,
un mauseol alçà-li de serres sobre serres,
260   que mal arrastellades fan gemegar lo món.

Des d'esta gesta d'Hèrcules, ma dolça Catalunya
d'altre castell de roques seure pogué a redós;
de la veïna França dormí Espanya més llunya,
fins al mar allargant-se lo Pirineu boirós.

265   En eix treball de cíclop la set lo desdelita,
i amb sang per abeurar-se de Gerió enemic,
pels vessants que groguegen amb l'or d'altra collita,
fet un lleó, davalla de Creus a Montjuïc.

Allí a l'altar de Júpiter humil agenollant-se,
270   orà, i a les onades aprés girant los ulls,
llisquívola una barca veu-ne venir gronxant-se,
com cisne d'ales blanques que nada entre els esculls.

Una ciutat fundar-hi promet a sa tornada,
que esbombe per la terra d'aquella barca el nom,
275   i, com un cedre al veure-la crescuda i espigada,
«D'Alcides és la filla gegant», diga tothom.

rose trees boast a second bejeweling shower;
thyme and holly, golden dew across the swards.

To Portvendres, the Pyrenean Venus gave name,
250 the ravaging fire to the age-old Pyrenees;
the flow fast-hardened in its emerald basins
gave name to Conflent, loveliest of these.

When rain-filled winds and showering clouds from the east
put out the mountain blaze, Hercules placed
255 the ashes of Pyrene, with heartfelt grief,
at the utmost point, bathed by each dawning day.

And leveling cliffs and crags from the terrain,
cropping mounts and lifting from hills their visages,
he raised a mausoleum, range upon range:
260 All the world mourns at the pell-mell stacked ridges.

Sweet Catalonia, forward from that feat,
now boasts a second bastion for her backrest;
and Spain from neighboring France now farther sleeps,
from cape to cape the Pyrenees watch access.

265 This cyclopean labor brings Hercules thirst:
to be quenched by the blood of Geryon;
by slopes now golden from a different harvest,
he speeds from Creus to Montjuïc—fiercest of lions.

There, at the altar of Jupiter, his gaze
270 on the passing waves as he humbly kneels,
a vessel glides into view while he prays:
a white-winged swan bobbing and skirting the reefs.

He vows to return and spread throughout the globe
the name of that good ship—to raise a city;
275 and seeing it like a cedar thrive and grow,
all will say: "That's the daughter of Alcides!"

Per ella, no debades, al Déu potent de l'ona
demana la fitora, i a Júpiter, lo llamp;
puix si la mar lligares amb lleis, oh Barcelona!,
280   llampecs un dia foren tes barres en lo camp.

And so, he asks a trident from the god
of the waves; from Jupiter, the lightning-bolt to wield;
O Barcelona! You laced the sea with your law,
280   and lightning-bolts shone as stripes on your shield.

Tarragona. Les boques de l'Ebro. Los Columbrets. València i Montgó. La coltellada de Roland. Lo Mulei-Hacén. Desembarca l'hèroe, i Gerió, per desfer-se'n, li parla de la reina Hesperis i del brot de taronger que cal presentar-li qui la pretinga per esposa. Descripció de l'Atlàntida. L'hort de les taronges d'or. Hèrcules, matant lo drac que vetlla el taronger, n'abasta el cimeral. Les set germanes recorden plorant que al morir Atlas los donà per signe de les darreries de sa pàtria la mort del drac. Record de l'anada triomfal dels atlants a Orient. Llur desfeta. Mals auspicis d'elles.

S'embarca i, prompte, al veure'l passar Tarraco antiga,
tanca el vell mur que els cíclops li daren per cinyell,
i abraçada amb la llança i escut, sembla que diga:
«Són de colós sos muscles, mes jo em batria amb ell.»

5   No tem de les cinc boques de l'Ebro els glops enormes;
i els Columbrets al veure més lluny emmerletar,
pregunta a sa arma fèrrea si aquells gegants deformes
que deixà morts en terra li surten dins la mar.

Veu més enllà la riba fructífera del Túria,
10   garlanda avui flairosa de la ciutat del Cid,

CANTO II.

THE GARDEN OF THE HESPERIDES

Tarragona. The mouths of the Ebre. The Columbretes. Valencia and Montgó. The sword of Roland. Mulhacén. The hero disembarks, and Geryon, laying a trap for him, tells him of Queen Hesperis and the orange branch that must be given to her by any who would wish her for wife. Description of Atlantis. The garden of the golden oranges. Hercules, having slain the dragon guarding the orange tree, reaches the highest branch. The seven sisters tearfully recall how Atlas, dying, said that the death of the dragon would signal the end of his realm. Remembrance of the triumphant arrival of the Atlanteans to the East. Their defeat. The sisters' dark omens.

Hercules embarks, and soon ancient Tarraco,
seeing him pass by, her girdling walls now tightens,
and lance and shield holding fast, gift of Cyclopes,
seems to say: "He looks mighty, but I will fight him."

5   Fearing not the Ebre's five huge gulping mouths,
he sights the merloning Columbretes, and wonders
if the malformed giants he only just struck down
on the land have now emerged from the waters.

Far off, he sees the Turia's fruit-rich shores,
10   fragrant garden of the City of El Cid,

i diuen que en les illes oí dolça cantúria,
com si el cridassen nimfes d'escumes al seu llit.

Deixa el Montgó de cara ferrenya i la muntanya
que en dues migpartí l'espasa de Roland,
15   de Múrcia i Almeria los cims, i, rei d'Espanya,
Mulei-Hacén l'altívol, de neu amb son turbant.

Prop d'on encaixen Àfrica i Europa en terra salta,
i a empendre vola en Gades a Gerió vaquer,
qui esporuguit al veure'l venir amb la clava alta,
20   als peus agenollant-se-li, li parla lausenger:

—Mira, àliga dels hèroes, les llàgrimes que ploro;
i ta darrera gesta serà matar-me a mi?
Ja arronso espatlla; atura-la, si et plau, la mà que adoro;
si et fes goig ma corona de rei, ve-te-la aquí.

25   Mes d'or eixa corona vindrà al teu front poc ampla,
que de gegant com Hèrcules cap més la terra en du.
Veus a ponent l'Atlàntida per rebre't com s'eixampla?
Ella és ton soli digne, sols ella és gran com tu.

Hesperis, que n'és reina gentil, s'és enviudada,
30   i espera un cor que vulla lo seu aconhortar:
quan d'eixa palma tastes la fruita regalada,
diràs: «A la seva ombra deixau-me reposar.»

Mes cal (açò li deia socavant-li una fossa)
cal que, per fer-li oferta plasent, del taronger
35   que entre esmaragdes mostra sa fruita d'or més rossa,
n'arribes de puntetes lo cimeral a haver.

Després, quan ja rumbeges la flor de la bellesa,
per veure-us, fins son carro parar al sol veuràs.
Llevant dóna sa força, Ponent, sa boniquesa;
40   que el cel te beneesca, llavor que en sortiràs.—

and from the islands, it is said, there poured
sweet song of nymphs to him from frothy beds.

He leaves sturdy Montgó's visage behind,
and the mount the sword of Roland cleaved at a blow,
15 and Murcia and Almería's peaks, and high
Mulhacén, Spain's king, fit out in turban of snow.

Near where Africa joins Europe he alights
on land, then on to Gades flies to face
the cowherd, who seeing the Greek, his club raised high,
20 kneels before him in fright and spouts his praises.

"Eagle among heroes, see the tears I weep;
and will your final labor be my death?
Hold back, I pray, the mighty club you wield;
take, if you wish, my crown for your own head.

25 "But this gold crown for your wide brow falls short:
The world knows none so great as Hercules.
See how Atlantis in the West draws close?
No other king than hers are you fit to be.

"Hesperis, now widowed, is her gentle queen,
30 awaiting a loving heart to ease her own;
once you have relished the fruit of that tree,
you'll say: 'In her shade I shall make my home.'

"But take care: First there's a gift you must fetch her
(this he said while mining the ground beneath);
35 there lords an orange tree amid the emeralds:
Pick the golden-most fruit of highest reach.

"And then, when you parade that flower so lovely,
even the sun-car will stop to watch you pass.
The Sunrise brings you strength; the Sunset, beauty;
40 may the heavens bless you, and the seed you plant."

Veu lo parany Alcides, mes al de Gades deixa,
i verdejant l'atlàntica planícia obira lluny,
i els ordis rossejar-hi i esgrogueïda xeixa,
com pèlag d'or que entre arbres i rebollam s'esmuny.

45 No hi ha sorrenques vores ni rònegues carenes;
tot l'herba ho encatifa, rosada a bla ruixim;
gronxant-hi entre lianes de nuadisses trenes
la palma escabellada son ensucrat raïm.

Encinglant-se, la cabra esbrota un olm mengívol
50 des d'un cairell de timba penjada sobre el riu,
i els bisons s'arramaden amb aire germanívol,
dels llimoners i mangles al regalat ombriu.

Cervos gegants rumbegen ses banyes d'alt brancatge
que pren l'aucell per arbres d'excelsa magnitud;
55 astora les gaseles lo mastodont salvatge,
i als mastodonts esglaia lo corpulent mamut.

Lo Pirineu i l'Atlas, titàniques barreres
amb què murà l'Altíssim dos continents fronters,
agermanats embranquen aquí ses cordilleres,
60 dant al còndor neus altes, al rossinyol, vergers.

Semblava que, geloses, del món a la pubilla,
Europa i Líbia dassen, com nois petits, lo braç,
i que ella, al foc del geni, estel que al front li brilla,
amunt, per l'escalada dels segles, les guiàs.

65 Guadiana, Duero i Tajo, que l'or i plata escolen,
vessants de les planícies d'Ibèria a grossos dolls,
per llits de pedres fines anguilejant rodolen,
i dauren i perlegen deveses i aiguamolls.

Amb líbiques rieres s'apleguen en llurs vies;
70 amb lo Riu d'Or cabdella ses aigües lo Genil;

Alcides spots the trap, but takes his leave,
and sees the Atlantean plain sparkling in front of them,
the fields of glistening barley and ripening wheat:
a golden sea that flows from woods and scrublands.

45 No sandy fringe, no barren cordillera,
among the tangling braided vines aloft;
carpeting grass and sprinkling dew everywhere,
and sugary fruit that sways on shaggy palms.

High on crags, goats munch on edible elms
50 along the overhanging cliffs of rivers,
and in the shade of mangrove trees and lemons,
the bison huddle in brotherly clusters.

Giant stags boast high-branching horns, that birds
take for trees; gazelles take fright at mastodons,
55 and great mastodons, in turn, are unnerved
when nearby steps the huge and mighty mammoth.

The Pyrenees and the Atlas, titanic barriers
with which the Almighty walled a pair of cordial
continents, join here fraternally their sierras,
60 give high snows for condors; for nightingales, orchards.

Like children Europe and Libya seemed jealous,
to the princess of the world their arms outstretching,
who would lift them up to her fire of genius,
star burning bright up the stairway of centuries.

65 The Guadiana, Douro and Tagus, flowing rich in
gold and silver from Iberia's high plains
roll snakelike over beds of gemstones, gilding
and pearling meadow and marsh along the way.

They gather with Libyan streams in their paths;
70 the Genil joins up with the Río de Oro;

i si du aqueix de Bètica rumors i melodies,
du-n'hi l'altre de Costa de Palmes i Marfil.

Vestida, emmirallant-s'hi, de pòrfir i de marbres,
entre els dos rius, com feta de borrallons de neu,
75   mig recolzada a l'Atlas i a l'ombra de sos arbres,
de l'Occident, cofada, la Babilònia seu.

Allà dellà, per entre falgueres gegantines,
de sos menhirs i torres blanqueja l'ample front,
de marbres sobre marbres piràmides alpines
80   que volen amb llurs testes omplir lo cel pregon.

De sos immensos regnes la mar no ha vist l'amplària,
i dormen tots a l'ombra del seu gegant escut;
i Tangis, Casitèrides, Albion, Thule i Mel·lària
per cada riu envien-li barcades d'or batut.

85   Mes, qui ho diria al veure-la tan bella!, en sa platxèria
lo cranc d'un pecat negre va rosegant-li el pit,
i entre els humors corruptes que en brollen i matèria,
demà lo sol debades la cercarà en son llit.

Vers l'hort, per odorífers boscatges, s'obre via,
90   los brúfols i ferotges lleons fugint de por;
quan riu a ses espatlles tercera volta el dia,
de llum vestit se lleva l'oasis de verdor.

I fent-li de corona, ja hi veu, abans de gaire,
les d'or obiradores taronges groguejar,
95   com si, brillant, quiscuna fos altre sol que en l'aire
sortís de les onades lo món a enlluernar.

S'hi acosta entre bardisses de murta i ja sos polsos
los aires apetonen mig embeguts de mel;
de bla fullatge i aigües murmuris s'ouen dolços,
100   i veu descloure en pluges de pedreria un cel.

where one brings Baetica's murmuring descant,
the other, from Palmas and the Ivory Coast.

Between the two rivers and mirrored therein,
as of snowflakes in marble and porphyry decked,
75 half-propped and shaded by the Atlas there sits,
smug and content, the Babylon of the West.

Farther off, between giant ferns, there gleam
the wide brows of her menhirs and her towers,
high pyramids of marble piled on marble, eager
80 to fill the far-stretching skies with their tops.

Unsighted by seas the bounds of her domains,
all sleep in the shade of her great shield; distant
lands send cargoes of gold by every waterway:
Albion, Cassiterides, Mellaria, Thule and Tingis.

85 Yet—seeing her so lovely!—who would have said
the corrupt humors and cancerous strain
of dark sins would be gnawing at her chest,
and tomorrow's sun would come to wake her in vain.

Through fragrant woodlands the hero makes his way
90 to the garden; buffalo and lions fly in fright;
when the sun smiles on his back the third day,
the green oasis lifts all dressed in light.

And soon he sees, crowning it all in full view,
the dazzling golden oranges, each one
95 as if, rising from the waves to shine anew
upon the world, another brilliant sun.

He now approaches through the myrtle shrub,
to breezes dipped in honey's soft caress,
leaves and waters murmuring, there opens up
100 to him a showering sky of precious gems.

Los cinamoms a rengles i poncemers altívols,
al dolç pes ajupint-se de llur novella flor,
de dos en dos s'acoblen, en porxes verds i ombrívols,
on guaita el raig de l'alba per reixes de fruits d'or.

105 Los cirerers s'hi gronxen, de flors viventes toies
a on vessaren tota sa flaire Maig i Abril,
i el fruit ja vermelleja fent goig, entre les joies
que s'enfila a penjar-hi d'un cep tòria gentil.

Rieronets hi llisquen i fonts arruixadores,
110 llurs aigües adormint-se sovint entre les flors,
mentre eixes mig desclouen los llavis a ses vores
per dar a les abelles lo nèctar de sos cors.

Los brolladors escupen un riu per brocs de marbres,
i esbrinadís al ploure lo ram de fos argent,
115 jugant l'iris corona lo cimeral dels arbres,
i es veu entre ses tintes més blau lo firmament.

Cascades mil esqueixen ses ones de bromera
per escalons de pòrfir i balmes de cristall,
i estols de blanques nimfes desfan sa cabellera
120 pels remolins d'escuma, seguint-los riu avall.

Pels riberencs herbatges, com un ruixat de perles,
festívol saltirona l'aucell del paradís;
ou-s'hi glosar joiosos sinsonts i esquives merles,
i a estones gemegar-hi lo tord enyoradís.

125 I, lires de l'Edèn, los rossinyols li diuen
que de sa branca a l'ombra li plàcia reposar;
i nins, bells com los àngels que amb ells juguen i riuen,
fent toies i garlandes, l'en tornen a pregar.

Com qui no ho sent, Alcides a fer-se endintre cuita,
130 vers on flairós lo crida de fulles amb remor

Rows of lofty citrons and cinnamon trees,
stooping under the soft weight of fresh blooms,
gather by twos in archways shady and green,
where dawn peeps through a trellis of golden fruit.

105　Their fragrance pouring out from May and April,
the cherry trees here sway, living bouquets,
ripening glorious crimson among the jewels
of thriving vines that climb their upward way.

Streams glide with ease and fountains gently spray,
110　at times their waters napping by the blossoms:
these half-opening their lips to make way
for bees to draw the nectar from their bosoms.

Rivers gush forth from springs of marble spouts,
and in the sheeny spray of molten silver,
115　the treetops take playful rainbows for crowns,
their hues showing the firmament all the bluer.

A thousand cascades rip their rolling mists
down porphyry stairways and crystal grottoes,
and the unloosed hair of charms of white-clad nymphs
120　goes trailing downstream in whirlpools of foam.

By green riverbanks, like a splash of pearls,
the bird of paradise leaps in fits and starts;
merry mockingbirds and bashful blackbirds are heard,
joined, now and then, by thrushes sore at heart.

125　And nightingales, lyres of Eden, come to say
he may by shady branches find complacence;
and children, lovely as angels, fetching bouquets,
laughing and playing, renew the invitation.

As though not hearing, Alcides presses on
130　to where the fruit of the fragrant tree shines,

lo taronger, que sembla, groguíssima amb sa fruita,
tot un cel d'esmaragdes amb sa estelada d'or.

Refila, sota arcades de fulla, amb lira dolça,
balla i presum d'Hespèrides lo tendre poncellam,
135   joguineja amb cireres i pomes per la molsa,
i, juli!, a salts abasta taronges del brancam.

De gessamí i vidalba darrere un cortinatge,
sa mare, per llentiscles en flor encobertats,
prop del seu, buit, guarnia'ls set llits de nuviatge,
140   pus de boda amb adreços ja arriben sos gojats.

De sobte en ses joguines i riure infantívol,
d'un lleó amb la despulla cobert a l'hèroe han vist;
son pit d'atleta i aire guerrer i pagesívol,
ensems que les encisa, les deixa amb lo cor trist.

145   Lo cimeral de l'arbre per abastar, s'hi atansa,
quan llest descaragola's lleig drac d'ulls flamejants,
i en roda la gran cua brandant com una llança,
tantost amb gorja i urpes li copsa ambdues mans.

Ell sortejant-lo aixafa d'un colp de peu sa testa,
150   i el monstre deixa caure ses ales i son vol;
sangnós verí espurneja les flors, i sa feresta
mirada va apagant-se com llum d'un sec gresol.

Morint, al tronc de l'arbre se nua i caragola,
a cada revivalla fent-lo cruixir d'arrel;
155   quan veuen les Hespèrides que fil a fil s'escola,
llur crit de verge s'alça planyívol fins al cel:

—Ai, Atlàntida trista!, mes ai de qui et diu mare!,
que si veiem lo dia renàixer serà prou,
pus, mot per mot, l'auguri se va complint del pare,
160   que amb sos atlants, sa pàtria, sos déus i tot conclou.

where the rustling of leaves beckons him on,
a golden starscape dotting an emerald sky.

Here, to a soothing lyre, beneath leafy arcades,
at play on the turf with cherries and apples,
135   the budding Hesperides dance and parade
—and look!—jump to take oranges from the branches.

Curtained by jasmine and clematis, their mother adorns
seven nuptial beds (her own empty nearby)
beneath mastics in bloom; their lads, who sport
140   their wedding attire, now about to arrive.

Suddenly, amid their fun and play they sight
the hero fit out in lion's skin; his hale
chest and air of rustic warrior delight
them, but leave their hearts aggrieved all the same.

145   As he draws near to reach the topmost branch,
there fast unwinds itself a hideous dragon,
eyes aflame, wielding its great tail like a lance,
that tooth and claw upon his hands now fastens.

Hercules reacts, lets go a kick to the beast's head:
150   its wings and flight come plunging to the ground,
among the flowers its venomous blood spreads,
a guttering candle, its ferocious stare fades out.

Curling and knotted at the foot of the tree,
each gasp of its dying breath sets the roots trembling;
155   seeing the draining lifeblood, the Hesperides
let go a heartsick cry that rends the heavens:

"O sad Atlantis, alas for all that call you mother!
Oh would that we might see another dawn;
our father's foreboding will break all asunder:
160   every Atlantean, our homeland, our gods.

«Fórem gegants», morint-se, digué, «nostra alenada
féu suar a la terra de por i ploure sang;
la coma que aturar-nos volia és arrasada,
i els boscos i mar ample no ens eren entrebanc.

165 De Líbia arrabassàrem harpies i amazones,
per ella esparverant-les com a pardals esquerps;
tenyírem sos saulons amb sang de les gorgones,
garfint per escapçar-les son dur cabell de serps.

Los Pirineus, los Alpes, los Apenins rompérem;
170 quan de carnatge i guerra lo cor nos digué prou,
pobretes!, ja a l'Europa i a l'Àfrica tinguérem
a nostres peus junyides, com dos vedells al jou.

Fins al cim: mes a l'ésser al capdamunt tot tomba!
A foc i a sang Atenes arramba'ns cap ençà,
175 i al veure'ns de recules, l'Atlàntida, com tomba,
dessota nostra fèrrea petjada ressonà.

S'aterra el meu imperi que n'aterrà tants d'altres!
Aquell que a nostres passos se desvetllà en Orient,
amb nou alè de vida, de mi i de tots nosaltres
180 darà les cendres, ossos i anomenada al vent.

Demà els clapers i dòlmens que nostres mans alçaren
no sabran dir, com borda fillada, nostre nom;
sols respondran "Som rastre d'uns gegants que passaren"
als segles que demanen d'on érem i qui som.

185 I al fer-se esment de savis, de forts guerrers i destres,
se giraran un dia los ulls a sol ixent,
i oblidaran, fent glòria d'inspiració, els nous mestres
que alguns astres del món sortiren d'Occident.

Mes no: la mar que ens colgue, amb aspre i ronc llenguatge,
190 esbombarà pels segles la glòria dels atlants,

"Dying, he said: 'We were giants. At a puff
each steep slope that impeded us, we flattened;
we made the earth sweat with fear and rain with blood,
and great seas and forests, we swept from our path.

165 "'We routed Harpies and Amazons from Libya,
scattering them like flocks of sparrows perplexed;
we stained the sands with the blood of Gorgons, clinching them
by their tresses of snakes and cut off their heads.

"'The Pyrenees, the Alps, the Apennines we broke;
170 and when our hearts said no more war and blight,
Europe and Africa—poor wretches!—lay yoked
at our feet like a pair of calves bound tight.

"'The very summits were ours: but it all collapsed!
Athens swept us aside, and seeing us retreat,
175 battered by so much fire and blood and havoc,
Atlantis echoed like a tomb beneath our feet.

"'My empire fell, as others it had felled!
The one that in the East our steps awakened,
with new life's breath, will on the wind expel
180 our ashes, our bones, and our very fame.

"'Tomorrow, those cairns and dolmens our hands once raised
will fail to recall, like children misbegotten,
our name; asked who we were and whence we came:
"We are the remains of giants that passed on."

185 "'And if mention is made of men wise and warriors
strong and cunning, the new masters will forget,
their gaze turned eastward and putting on airs,
that bright stars of the world once rose in the West.

"'But no: the sea that buried us will make known
190 through the centuries, in rugged and roaring words,

los que a Egipte deixàrem del món en lo mestratge,
pus ans a Grècia nàixer érem ací gegants.

Quan un hèroe alt d'espatlles i cabellera rossa
d'un colp de peu engrune lo guaita del jardí,
195   llavors per tots vosaltres s'eixamplarà ma fossa.»
Ai!, lo guerrer que el pare preveia veu's aquí!

Veu's-el aquí; t'arriba, t'emprèn lo llenyataire;
oh atlàntica nissaga, comença't d'esbrancar;
món que saó li dónes, no li'n daràs pas gaire,
200   que a l'arbre i tu arran soca de terra us ve a tallar!

Que el pare hem vist en somnis, l'hem vist com engegava
a l'hort, d'on érem roses, los poltres de Neptú,
mentre eix déu amb forcívol trident lo descalçava.
És somni, mes ses timbes i platja cruixen pu!

205   Mare!, penjau d'un salze la lira als vents i oratge,
que a l'ombra regalada no hi dansarem pas més;
no enrameu nostres tàlems de murta amb lo fullatge,
puix, ai!, allí ens espera la mort per da'ns un bes.—

the glory that was the Atlanteans' alone,
who, Greece unborn, left to Egypt the mastery of the world.

"'When a hero, fair haired and broad of shoulder,
with one kick crushes the keeper of our garden,
195   then all of you will join me in my sepulcher.'
Look! It's the warrior foreseen by our father!

"O Atlantic stock, the unbranching begins here;
see him now—the woodcutter comes to confront you;
world that you nourish, your world will disappear:
200   You and your tree, he has come to untrunk you.

"In dreams we have seen our father let loose in the garden
the colts of Neptune—where the roses were us;
while that god, with his mighty trident, disbarred him.
It is dream, but the cracking of cliffs is real enough!

205   "Mother! Hang the lyre on the willow in the breeze;
no more will we dance in its shady caress;
deck not our nuptial beds in myrtle leaves:
It is there that death awaits us with its kiss."

CANT TERCER.
LOS ATLANTS

*S'apleguen dins lo temple de Neptú. Raonament del primer cap de colla.
Sos mals auguris. Demana als qui arriben de llunyes terres quines
noves duen al col·lotge. Un, que ve de les encontrades de Ponent, respon
haver-les mig abrigades un braç de mar. Altre, tot just vingut d'envers
Thule, ha tret un mal pronòstic de les aurores boreals. Entra de sobte
un tità, que arriba pel camí de Migdia, i, tremolós encara, conta haver
escapat d'una espasa de foc que abrusà a sos companys. En això estant,
senten moure el temple en terratrèmol, ensems que un llamp escapça la
imatge triomfal de Neptú. Ouen lo clamor de les Hespèrides i, fent arma
dels arbres i columnes de l'atri, escometen a Hèrcules. Gran combat.*

De roques sobre roques són les parets gegantes
del temple on los atlants enrotllen a Neptú,
altívols com los roures i alzines bracejantes,
que semblen dir al cingle: «Som tan ferrenys com tu.»

5   Allí, per esposar-les amb sos més braus sotmesos,
esperen ses germanes, les del mirar de cel;
de sobte, a un mal auspici, com de cent fúries presos,
a llur cridòria el temple se torna altra Babel.

Se n'alça un, que és de l'àngel caigut imatge viva;
10   d'humana recordança son nom esborrà Déu;

CANTO III.

THE ATLANTEANS

The Atlanteans gather in the temple of Neptune. A prominent denizen speaks. Dark omens. He asks those who have come from afar for news. One, from Western lands, reports being flooded by an arm of the sea. Another, coming from Thule, has seen dark forebodings in the aurora borealis. A Titan suddenly arrives from the south and, still trembling, he recounts how he has just escaped from a burst of fire that consumed his companions. At this moment an earthquake shakes the temple, and a bolt of lightning decapitates the triumphal statue of Neptune. A clamor is heard from the Hesperides and taking trees and columns in the atrium for weapons, the Atlanteans attack Hercules. A fierce battle ensues.

Boulders piled on boulders are the giant walls
of the temple where, gathering round Neptune,
Atlanteans tall as oaks with high-flung arms
would challenge the cliffs: "We are as mighty as you."

5   There, they await their sisters, the ones that grace the sky,
to wed them with the bravest of their reign.
All at once, like a hundred Furies, an omen strikes:
Their uproar turns the temple into a Babel.

One steps up, a living calque of the Fallen Angel,
10   his name now wiped by God from human memory;

del temple immens les brèdoles, a on sa testa arriba,
tremolen a la forta tronada de sa veu:

—Titans: quelcom de témer espera amb por la terra
que no podrem tal volta contar a nostres fills;
15   apar que avui la torre de nostre orgull s'aterra,
i sota els peus trontolla lo món d'on som pubills.

Los núvols en figura d'espectres nos ho diuen;
ho criden les tempestes amb xiscles i gemecs;
estels amb cabellera de foc pel cel ho escriuen,
20   entrellaçant-la amb lletres d'espurnes i llampecs.

Lo cel veig en feréstegues bromades arrugar-se,
mostrant-se, com entre ales de corbs, a claps a claps;
la terra veig, glatint-nos, a nostres peus badar-se,
i caure'ns la corona, poc testa en nostres caps.

25   A mig esbadellar-se les flors se musteeixen;
passant les aucellades abans de la tardor,
se dolen, com d'un càstig fugint que no es mereixen,
i al veure-ho, qui seguir-les no pot esclata en plor.

Sols junt amb la xibeca la gralla alegre es mostra,
30   diuen que els rius se'n tornen enrere i que un infant,
al veure d'aqueix dia la llum en terra nostra,
ha reculat al ventre, de por esgaripant.

I què ens caldrà a nosaltres? seguir la rierada,
o contra el fat empènyer la barca a vela i rem?,
35   dels massa crèduls riure'ns, o fer amb ells llaçada?
Titans de cor de roure, digau-me: què farem?

Abans, quin vent us porta contau. Tu que la vida
prop del llit d'or de l'astre del dia escórrer veus,
per què, digue'm, deixares tos camps d'herba florida,
40   que a musteir no basta l'alè de tots los déus?—

his head high in the rafters of the great temple,
his thundering voice sets the crossbeams trembling.

"Titans: a terrible thing awaits the fearful earth,
of which our children might not learn from us;
15   it seems the tower that is our pride and worth
today falls: Our world quakes from under us.

"Dark clouds of ghostly shape send us this message,
as do storms that cry out in screams and wails,
and interlaced with lightning and burning letters,
20   writ in the heavens by stars with fiery tails.

"I see a terrible sky crumpling with cloud-murk,
as though of wings of ravens spreading dread;
I see the earth, gaping, eager to devour us,
and a flimsy crown tottering on our heads.

25   "Flowers wither, barely half-blooming; bird-throng grieve,
departing before autumn, as if in fear
of some impending punishment unmeet,
and those who cannot follow give way to tears.

"The brown owl only, and carrion crow are content;
30   they say that rivers are flowing backwards, and a child,
born in our land this day of dark portent,
retreated to the womb with shrieks of fright.

"And what are we to do? Flow with the tide
or captain the boat and sail against fate?
35   Laugh at the gullible, or stand by their side?
What, oak-hearted Titans, can be done for our sake?

"But first, tell us what winds carry you here.
You there, who see life pass from the gilded bed
of the daystar: Why leave your flowering fields so dear
40   that the breath of all the gods could never fret?"

—Tenia un fill—respon—, com datilera
que bressa els colibrís en primavera;
un dia es caragira contra mi,
i, de bon aire i ben plantat com era,
45   la vida li arranquí.

Posí son cos dins una fonda balma,
amb fulles abrigat de ceiba i palma,
perquè el zemí del cel no me'l vegés;
mes ai!, de l'esperit la dolça calma
50   ja no em tornà mai més.

Mos ulls aquella nit, ai!, no es clogueren;
entre caobes i mameis vegeren
dos altres ulls en la blavor dels cels;
«Pare, dormiu», mes filles me digueren,
55   «dormiu, són dos estels.»

«No són estrelles, no, filles hermoses;
aqueixes són de l'alt jardí les roses,
i aquells són ses espines pel meu cor.
Dormiu vosaltres, ai!, poncelles closes
60   al somni de l'amor.»

Ai!, eren ulls d'aterradora ceia,
i llur ullada escorcollant-me em deia:
«Ton fill, ton fill hermós, com no és aquí?»
He vist un braç que d'entre els núvols queia:
65   era el braç del zemí!

«Perdó!», diguí sortint-me de l'hamaca,
quan ressona son crit en ma barraca:
«Dins la balma del crim la mar hi bull;
de tot quant veus, per esborrar eixa taca,
70   ni en restarà un escull.»

Digué, i ja de la cova el mar eixia,

"I had a son," came the reply, "tall as a palm
cradling the hummingbird in spring;
he dared to defy me one day,
and being still robust and strong,
45   I took his life away.

"I laid his body deep in a grotto,
with palm and ceiba leaves all covered
so as not to be seen by the Zemi;
but—alas!—since that act of cowardice
50   I have had no serenity.

"That night I could not close my eyes;
between the mahogany and mammee I spied
two stars up high in the heavens' arch;
'Father, sleep,' my daughters replied.
55   'Sleep, they are just two stars.'

"'Those are no stars, my lovely daughters;
they are roses in the high-most garden,
and thorns in my heart from above.
Sleep, daughters, your buds yet unopened:
60   Sleep the dream of love.'

"Alas! They were eyes of terrible brow,
and with their probing gaze announced:
'Your son, your handsome son, where is he?'
I saw an arm swoop down from the clouds:
65   it was the arm of Zemi!

"'Forgive me!' I cried and leapt from my hammock,
his voice resounding through my hut:
'The sea, to wipe away this stain,
boils in the grotto of your injustice:
70   not one reef will remain.'

"So said, the sea poured from the cave,

i d'aigua i manatins l'herbatge omplia;
jo, fugint-ne, em girava al nadiu lloc;
ja cabanyes i selves no hi havia;
75   ja vall, ni cims, tampoc.

D'Haití la cordillera, que el cor ama,
en illes és trencada; de Bahama
lo bell país d'arenes és un banc;
i encara famolenca la mar brama
80   venint; potser l'aclama
la meva olor de sang!—

Parla un que vora Thule gelada el sol enyora:
—També és, ai!, de diluvi l'auguri que vegí;
vegí a Llevant estendre's la boreal aurora
85 en flocs vermells i rossos trenats i brins d'or fi.

I, com l'ona arrossega les perles i petxines,
desencastar semblava i endur-se'n los estels;
mes tot plegat, llançant-los com flors entre ruïnes,
grans signes de malastre borronejà pels cels.

90 Atlants, ai de vosaltres!, mes ai de vostre imperi
que, com lo sol, davalla de son migdia al mar!;
açò que els cels nos diuen amb llengües de misteri,
malalta en sos desvaris, la terra ho diu ben clar.

He vist d'infants i verges horribles sacrificis;
95 he vist a la ignocència del negre crim als peus;
arreu les viles, fetes encant de tots los vicis,
i aqueixos dins lo temple robar l'encens als déus.

He vist en la disbauxa nois tendres rebolcar-se,
los pares traure a vendre llur fill, de l'avi trist
100 los néts com d'una càrrega feixuga descartar-se,
i l'un germà de l'altre beure's la sang. He vist…—

and with it waters and sea creatures came;
taking flight, I turned to look back:
All the land was now a seascape,
75   nor house nor hill intact.

"The Haitian mountain range my heart
esteems in isles is chopped apart;
but mounds of sand the Bahamas I love;
and still the bawling famished waters
80   move closer, keen to follow
the smell of my own blood!"

Then spoke one from frozen Thule who longed for sun:
"I saw the borealis loom in the East,
this too—alas!—an omen of the flood,
85   spread out in dabs of red with bright gold streaks.

"And just as waves tote pearls and shells away,
it seemed to pluck and drag off all the lights;
then tossed them like blooms among ruins astray,
signs of ill-fortune scrawled across the sky.

90   "Atlanteans, woe to you! And woe to your kingdom,
that like the noonday sun sinks into the sea!
What the heavens tell us in mysterious tongues,
the earth in its delirium now plainly speaks.

"I have seen babes and virgins horribly sacrificed;
95   I have seen innocence at the feet of deeds ungodly;
towns turned marketplace for every kind of vice,
and in temples, incense pilfered from the gods.

"I have seen wallowing in orgy the tender young,
fathers putting sons up for sale, elders being
100 cast off by grandsons, as though some cumbersome bundle,
and brothers drinking each other's blood. I have seen——"

L'interrompé un tità, de la natura esguerro,
que guerxo i d'estrafeta figura es veu entrar;
i esblanqueït, com mort que fuig de son enterro,
105   del temple per les tombes son crit fa ressonar:

—Vora Àfrica amb mos hèroes anit m'endormiscava,
quan veig colossal Geni baixar del firmament;
cobria sa ombra l'Atlas, i amb un llamp que brandava
del simoün en ales feria a tot vivent.

110   Ja a mi m'empedreïa, quan diu, girant-se enrere:
«En eix blat del diable no cal oscar la fauç.»
Me deixondí; lo rúfol fantasma ja no hi era,
mes sols un llenyer d'ossos restava de mos braus.—

Sa veu pel temple encara retruny, quan a l'altura
115   lo carro sotraqueja dels trons eixordador;
amb tremolor estranya respon-li la natura,
i al ventre de les mares ressona angèlic plor.

De prompte a un terratrèmol, que es juny amb la tempesta,
l'ídol s'ensorra en grífol d'aigua llotosa i sang,
120   ensems que, estrany prodigi!, li lleva un llamp la testa,
a trossos i ennegrida fent-la rodar pel fang.

A sa claror rogenca, què veuen, puix s'ajupen?
Veuen fantasmes tètrics passar en reguitzell,
entre ombres de llurs avis, que amb fàstic los escupen
125   al front, marcat ja amb taca de l'infernal segell.

Mes ells, sens despitar, estrenyen lo col·lotge
i brètols, escateixen si fer-hi res los cal,
si alçar a pes de braços de terra el déu ferotge
o enfonsar-lo, de traure'l, puix, creuen no s'ho val.

130   En açò arriba al temple lo crit de ses germanes;
arranca un d'ells, sacríleg, lo trident a Neptú,

He was interrupted by the figure of
a mangled-looking Titan seen to enter,
bow-legged, deformed, pale as a corpse fleeing from
105   its funeral; his cry shakes the tombs of the temple:

"By Africa, nodding off beside my herd last night,
I saw in the heavens a huge Genie descending;
his shadow covered the Atlas, and with lightning
on wings of the Simoom, he struck at all things living.

110   "I was petrified, and turning, he spoke:
'Through this grain the sickle need thrust no stroke.'
When I came to, the phantom was there no more;
of my bulls remained only stacks of bones."

His voice echoed through the temple; while up high,
115   rattled the deafening chariot of thunder;
and with a strange trembling, nature gave reply,
and angels' weeping rang in the wombs of mothers.

Suddenly, an earthquake leagues with the tempest,
the idol collapsing into a welter of blood
120   and mire, even as—Look!—a bolt has severed
the head, sent rolling in charred chunks through the mud.

What do they see, squatting, in the reddish light?
They see float by a pack of gloomy phantoms,
by ancestors' shades, spitting on them from spite,
125   and brows with the stain of infernal stamp.

But they, undaunted, hold to their assembly
of wretches sorting out what might be done:
whether to raise again the fierce god by strength
of arm, or entomb him, since already undone.

130   Now there reach the temple the cries of their sisters;
one Titan snatches, in sacrilege, the trident that

los altres, a bocins, pilars o barbacanes,
i a l'encontre d'Alcides apar que el vent los du.

Los fills de les muntanyes s'hi lliguen, seglars roures,
135   com ells de bona saba, d'arrel arrabassant,
i avets que vergassegen los núvols al remoure's,
com braços de la terra lo cel abraonant.

Altres més vells ne surten a glops de les cavernes,
brandant armes de pedra i ossades de mamut;
140   amb fam deixen de l'antre pregon les nits eternes
així que han la flairada d'humana carn begut.

Lo matador de monstres, que, de gegant a passos,
escometia a Hesperis, duent-li el brot florit,
se veu travat; sos braços se nuen amb llurs braços,
145   i un bosc d'enceses armes va a fendre's en son pit.

Mes ell, com entre brèvols canyissos, s'hi obre via,
la clava de terrible maneig descarregant,
que amb set de sang, incendis i llàgrimes sentia,
en sa espatlla ferrissa, com ella bategant.

150   Heu vist a l'huracà que escombra cel i terra
llevar la neu, boscúries i rocs als Pirineus,
i en revolví a l'endur-se'ls amb algun cap de serra,
fer remuntar les aigües d'un riu fins a ses deus?

Tal l'hèroe al rompre aquella maror armipotenta,
155   s'engolfa en les onades a colps de ferro cru,
i fort i ferm oposa la seva a llur empenta,
com nau que a un abordatge presenta el pit tot nu.

Allà aboca ses ires; on més arreu pot batre,
empeny, romp i arrossega com estimbat torrent;
160   los guerrers de cap d'ala cauen de quatre en quatre;
lo rebuig, com espigues de blat, de cent en cent.

was Neptune's, while others take hold of shards and pillars:
swept, it seems, by winds to meet the Greek in combat.

Sons of mountains join in, outing centennial oaks
135 by their roots, of vigorous sap as they, too, are;
and firs lashing at clouds they stir and stoke,
as though taking on the sky with earthly arms.

The more advanced in years come out in droves
from caves, quitting endless nights of deep dens,
140 wielding weapons of stone and mammoth bones:
hungering, on catching the scent of human flesh.

The slayer of monsters, who with a giant's strides
had meant to take the flowering branch to Hesperis,
finds himself in a tangle: His arms and theirs collide,
145 a forest of frenzied weapons would pierce his breast.

But he, as if amid brittle canebrake, makes
his way by dint of his terrible club,
that driven by thirst for burning and mayhem,
wheels and beats like his mighty back: out for blood.

150 Have you seen how blizzards sweeping land and sky
carry off snows, woods and crags in the Pyrenees,
and how the whirlwinds snatch up mountain heights,
driving rivers back to their very springs?

Such is how our hero, breaking through warfare's
155 onslaught, braves its waves with solid iron blows,
and strong and firm, pits his push against theirs,
like a ship that bares its chest to hostile boarding.

There he spills out his wrath where most he might score:
pounding, breaking, dragging like a raging sea;
160 the noblest among warriors fall in fours,
the chaff by the hundreds like spikes of wheat.

Així arranant sa dalla, la Mort ajau sa messa;
a cada colp que venta n'hi ha de menys un clap;
amb sang dels fills l'Atlàntida s'abeura, i a la fressa
165   dels crits, ferir i caure, tremeix de cap a cap.

And so Death, cropping close with his scythe, runs
the harvest down; with each stroke he lets loose,
stands one less patch; Atlantis drinks the blood of her sons,
165   and to the din of the dying, trembles through and through.

CANT QUART.

GIBRALTAR OBERT

L'hèroe, empès per una força sobrehumana, gira espatlles a sos enemics. *Planta vora Gades lo brot de taronger. Se'n puja a Calpe, muntanya que, capçal de l'Atlàntida, lligava l'Europa amb l'Àfrica. A l'obrir-la a colps de clava, veu esser l'Exterminador qui mou son braç. L'Àngel, irat, li fa veure el combat dels elements contra la gran víctima. Son crit de venjança. Dalt, al fons del cel, l'Altíssim condemna l'Atlàntida a ser esborrada del món, i a aqueix a ser trossejat en continents. Hèrcules entra, junt amb la mar, en la terra damnada.*

Mes ja de les guspires d'inspiració que hi volen,
al front de l'hèroe envien la més hermosa els cels;
com de florides branques, que als passerells bressolen,
una flor cau que fóra germana dels estels.

5   Entre rouredes d'armes i punys batents s'escorre,
la clava corsecanta tot carregant-se a coll;
traspassa els rius, tramonta les serres a més córrer
fins que dels camps de Gades trepitja el sec rostoll.

En un marge, que ombregen palmes reals, s'atura,
10   tendre encara, a plantar-hi lo brot de taronger;
i a corre-cuita anant-se'n: «Una altra mà més pura

The hero, moved by a superhuman force, turns his back on his enemies. Near Gades he plants the shoot of the orange tree. He climbs up Calp, mountain which, headboard of Atlantis, joined Europe and Africa. Opening it with blows of his club, he sees it is the Exterminator who moves his arm. The Angel, now angry, shows him the elements combating against the mighty victim, Atlantis. Cry for vengeance. High in the heavens, the Almighty condemns Atlantis to be wiped from the world, and the world broken into continents. Hercules enters with the sea into the condemned land.

But now, to the genius stirring on the hero's
brow, the heavens send the loveliest of sparks;
as when, from tree blossoms, linnets' hearth and home,
there drops a flower that is sister to stars.

5   Through oak woods of arms and blows he slips away,
packing on his shoulder the heart-shriveling club;
across rivers and mountains speeding his way,
till he reaches Gades' parched fields of stubble.

Upon a bank where royal palms give shade,
10   he stops to plant, still tender, the shoot of that tree;
then quickly sets off: "Another will take

te regue i cuide», diu-li, «puix jo tinc altre afer.»

Lo sol besa aclucant-se dels puigs la cabellera,
que arrancarà, per fer-se'n molsós coixí, la mar;
15   apar llàntia expiranta damunt la capçalera
d'un gegantí cadavre que van a amortallar.

Llavors lo freu no hi era; lo braç amb què encaixara
Bètica amb Líbia era aspra renglera de turons,
ciclòpea cadena, de què són caps encara
20   de Gibraltar i Ceuta los dos altívols monts.

Amb ella l'Arquitecte diví fermà tes ones,
Mediterrà, que esquerpes sortien de ton llit
per córrer a un mar més ample, lleons vers ses lleones,
que amb sa platja forcegen frisoses a llur crit.

25   Eix mur o rastellera de cingles era Calpe;
los Pirineus no foren més aspres ni majors,
si enamorat d'Espanya, vingués a seure-hi l'Alpe,
atret, com les abelles, pel riure de ses flors.

Mes està escrit: un vespre, del mar la cadireta,
30   sols per rentar l'Atlàntida d'un crim, s'aixecarà,
i per penjar al sostre son niu, una oreneta
no trobarà en tota ella prou terra l'endemà.

Sos turons, que, com arbres de nau en lo naufragi,
cauran romputs, tremolen a cada sol ponent;
35   i avui, com si a complir-se vingués un mal presagi,
trasmeten a les planes llur fort tremolament.

Tu sola dorms embriaga, de l'Occident oh reina.
No et sents desfer a trossos, l'abís glatint-te ensems?
No veus al cel un glavi de foc que es desembeina?
40   Cau de genolls i prega; mes ai!, no hi ets a temps!

you in pure-hearted care, other matters press me."

The sun, shutting its eye, kisses the peaks
and would appear to be a guttering lantern,
15 whose tresses make a pillow for the sea,
headboard and shroud for a giant cadaver.

The strait was not yet there; the arm, at that time,
that joined Baetica and Libya, a rugged range:
two summits—Ceuta and Gibraltar—rising high
20 at either end of this cyclopean chain.

By that range the Architect Divine held back
your waves, Mediterranean, that would fly
restless from your bed to seek a wider track,
he-lions beaching wild at the she-lion's cry.

25 That wall, or heaped up pile of cliffs, was Calp;
and would be no less rugged soaring towers
than the Pyrenees should one day the Alps,
drawn by Spain, unseat them, as bees to sparkling flowers.

But it was written: One night, to wash away
30 her crime, would come the lifting of the floodgate,
and the swallow, with the dawning of day,
would find no soil to build her high-flung nest place.

The summits, like shipwrecked masts and spars that topple,
have been trembling with each sunset; and today,
35 as if to bring to completion some awful
omen, unleash a greater shaking to the plains.

You alone, Atlantis, sleep in a stupor, O queen
of the West! Do you not feel how you sink down
into the abyss, not see the sky's sword unsheathed?
40 Kneel and pray, but alas! Your time has run out!

Que del suplici és l'hora terrible; ja llampega
la clava al front de roca de Calpe davallant,
com sanguinós cometa que pel cel s'arrossega,
secades, pestes, llàgrimes, ruïna i dol vessant.

45 Cauen d'esglai los homes; s'escruixen les muntanyes;
amb gran panteig espera quelcom d'horrible el món;
i al colp esportellant-se la serra, ses entranyes
mostra al sol, que entre boira per sempre se li pon.

Ell pren alè i lo ferre tallant torna a les bromes,
50 de l'hort de les delícies per fer-ne un camp de morts,
quan, com un vol de tendres i místiques colomes,
l'enrotllen amorosos d'Hesperis los records.

Planyent de son amor a la regina hermosa,
lo mall, que abranda els aires caient, vol decantar;
55 mes eix, entossudint-se, s'aterra i la resclosa,
com fèrrea porta, s'obre de bat a bat al mar.

S'estimba amb castells d'aigua l'esllavissada serra,
i al cru espetec s'esquerda l'Atlàntida trement;
los estels, dalt, aguaiten si esclata en llamps la terra,
60 la terra, si amb sos astres li cau lo firmament.

L'hèroe, esblaimat, sospita que és tot allò un desvari,
quan veu a ses espatlles un geni agegantat,
de qui la grega lira, profana en lo santuari,
ni, veu del cel, la Síbil·la de Delfos, ha parlat.

65 En llampegueig volcànic sos ulls grifolen ires;
terbolins l'arrebossen, fredat i confusió;
lo foc del cel li encercla corones de guspires;
li és música escoltívola l'espetegar del tro.

Brandeja amb mà ferrenya l'espasa flamejanta
70 que romperà en lo dia darrer lo pern del món;

The terrible hour of reckoning has come;
lightning hurtles from the sky onto the brow
of craggy Calp, like a murderous comet summoned
to sow and spread drought, plague, ruin, grief and sorrow.

45   Men fall in terror; mountains crack and groan;
the world, gasping, awaits some horrible event;
and the high range bares its innards, breached by the blow,
to the hazy sun—forevermore now set.

Hercules takes in breath, and cutting through iron,
50   leaps back in the mêlée, now field of dead
the garden of delights, when, like a flight of
mythic doves, come loving memories of Hesperis.

Lovesick for his beautiful queen, he would abate
the mighty stroke that torches the air as it falls;
55   but undeterred, it strikes—and the ironlike gates
are thrust open to the sea now unwalled.

Mountains, collapsing, are sent crashing under
hammering cascades; Atlantis, shuddering, cracks;
stars look to see if the earth has burst asunder,
60   the earth, to see if the firmament stands intact.

Thinking himself delirious, the hero turns pale,
but then, behind, he spies a gigantic Genie,
of whom nor Grecian lyre, strange to holy places,
nor Delphic Sibyl, heaven's voice, ever conceived.

65   Wrath shoots from the Genie's volcano eyes;
whirlwinds and mayhem swathe him, and blazing wreathes
circle all round him with fire from the skies;
and thundering, to his ears, is music most sweet.

He wields with an iron hand the flaming sword,
70   and astride his giant victim, legs akimbo—

i escamarlat damunt la víctima geganta,
peu ençà peu enllà, l'hi descarrega al front.

Vessant de Déu les ires on fou trempada, hi baixa,
semblanta a una columna d'incendi pirenaic,
75   que, com faixà l'Europa, l'Atlàntida ara faixa,
«Para el coll», com dient-li, «abisma't ja, que caic.»

Espignet de la trompa que als mons, en sa agonia,
cridarà a l'espantable juí del Criador,
sa veu desbota rústega pel cel, que s'incendia,
80   com de cent rodants carros traqueig retronador.

—Atlants, heu de desésser: la terra fins que us serva
se n'ha d'entrar a estelles com a vaixell podrit;
faça's enllà o enfonse's la humanitat superba;
facen-s'hi monts i regnes, que el mar muda de llit.

85   Ja apunto a ses entranyes la ploma per escriure-hi
lo jutjament del poble que es creia sempitern:
plegau, atlants, de batre-us-hi, Hespèrides, de riure-hi;
purs àngels, a la glòria; fills de Neptú, a l'infern.

Serà ta clava, Alcides, sa enterradora aixada;
90   per ço, fosser de pobles i mons, jo et guio ací,
i a fi de no esqueixar-te lo cor, de ta estimada,
per ara repintar-l'hi, la imatge n'esborrí.

L'Europa tu arrancares de l'Àfrica; les dues
dels braços de l'Atlàntida d'un colp ja arrancaré;
95   i a aqueix corc de la terra, sos fills i filles nues,
del Déu que adora, als poltres, per grana llançaré.

Mes, sents?, per sepultar-la la terra ja es mig obre;
oh!, mira-la estimbada rodar-hi des del cim;
li reque o no ha de beure's, girada de sotsobre,
100   de l'amargor de la ira divina l'escorrim.

just as he will crush the axis of the world
when comes the last day—he strikes the fatal blow.

Spilling out the wrath of God where it was forged,
down comes the blade like the Pyrenees aflame,
75   once cinching Europe, now Atlantis, and orders:
"Make ready—the abyss awaits. Go to your grave!"

Shrilling trumpet that to worlds in their death throes
will herald the Almighty's judgment one day,
his voice of a hundred thundering chariots opens
80   the skies that burst into a terrible blaze.

"Atlanteans," he cries, "you must cease to be:
like a rotted ship, the earth beneath you must shred;
move aside—or sink—proud humanity;
let peaks and realms arise, the seas shift their beds.

85   "Now I point my quill at your entrails to pen there
the fate of those who thought themselves eternal:
Atlanteans, quit your combat; your play, Hesperides;
go, angels, to glory; Neptune's sons, to depths infernal.

"Your club, Alcides, will be the burial spade;
90   for this, gravedigger of peoples and worlds, I take you;
and to spare you heartbreak, I have wiped away
your loved one's portrait, so you might paint her anew.

"You have severed Europe from Africa, and this
maggot of the earth, her naked sons and daughters,
95   once both I pull clear from the arms of Atlantis,
I will toss to the horses of their god as fodder.

"Can you hear? To bury her already the earth half opens:
Look! How she careens plunging from the summits—
and the earth must drink her down, like it or no,
100   divine wrath's bitter dregs in headlong plummet.

Ni som en la gran era tots sols eix blat a batre;
mira allí com ses ales hi eixampla del simoün:
lo torb de l'Equinocci surt més enllà a combatre,
i el mar s'espanta al veure's d'un altre mar damunt.

105 I tots d'acord la colquen pel nord, garbí i migdia,
esquarterant-la amb boques de gegantins caimans,
amb gran rogall dient-me quiscun que engoliria
de l'univers en runa los trossos flamejants.

Aguaita com hi aboquen los pols ses nuvolades,
110 que amb llurs ramats apleguen lo llevantí i ponent;
s'arruen i espesseixen, al tro arremolinades
de mon fuet de flama, que atiador els encén.

Lo braol d'un incendi dels núvols ous dessobre?
De llamps és una mànega que hi baixa en terbolí.
115 Altres ne sents al fons? Són de l'infern, que s'obre
per rebre-la entre harpies i fúries en son si.

No sents com xiscladores pertot ja esvoleteguen,
empenyent-la i penjant-se-li als peus en lleig eixam,
ensems que ronc me crida l'abisme on l'arrosseguen:
120 «eix pa com no li llesco fent-lo glatir de fam?»

Cuita, oh!, que és hora; afanya't! Si tens prou pit, davalla
de Calpe a l'aigua, passa-la, tramonta-la d'un salt;
a Hesperis trau dels braços d'eix mar que l'avassalla,
i creuré al que m'apressa, terrible Déu de dalt.—

125 Ronc tro de trons que en baixa suspèn, a l'estimbar-se
cingles i mars; i al cel, que fa de tornaveu,
tement morir, los astres i mons semblen parar-se
a oir la nova, altíssima, paraula del gran Déu:

—Al dar per cor la terra a eixams de mons, «Covau-la»,
130 los diguí a tots; «corona siau-li de claror,

"Nor are we alone on this great threshing ground;
the Simoom's great wings join in threshing this wheat:
tackling the Equinox winds beyond its bounds;
and the sea takes fright at mounting another sea.

105 "And all winds North, Southwest and South bear down,
relishing the raucous of the storm's brewing,
devouring with their huge alligator mouths
the flaming morsels of a universe in ruins.

"Look how the poles pour out billows of clouds gathering:
110 the shepherding East and West winds inviting them;
crowding and thickening, they swirl to the cracking
of my fiery whip stoking and igniting them.

"Do you hear the roar of clouds blazing above?
A tornado of fire-bolts churning and sweeping—
115 And do you hear others far below? They come
from the depths, where Harpies and Furies give hell's greeting.

"Can you not hear their shrieks and wingbeat everywhere?
A hideous swarm presses and pulls at her feet,
dragging her into the abyss, and bellowing there:
120 'This bread to dish and we with nought to eat?'

"Make haste! The hour has come. Courage! Go down off Calp
and cross the waters at a single leap;
free Hesperis from the ocean that holds her captive,
as I obey the terrible God that speeds me."

125 Thunder of thunders brings tumbling cliffs and seas
to a standstill; and in skies turned sounding-board,
stars and worlds, for fear of perishing it seems,
grind to a halt to hear the words of Creation's Lord:

"On giving the Earth as heart to teeming swarms
130 of worlds, said I: 'Nurture her: be her cradle above,

i als braços amb cantúries, oh serafins, bressau-la,
que és l'home qui hi va a nàixer, l'amor del meu amor.»

Per ell de l'ampla cúpula del firmament pengí-la;
per guarda els rossos àngels, per llàntia el sol li he dat,
135   i ell contra mi ara aixeca, per fer-se'n Déu d'argila,
l'univers que a ses plantes posí, malaguanyat!

Ell contra mi!, dels éssers aquell que més amava,
aquell de qui volia la pensa per espill,
com plau als astres veure's lluir en la mar blava,
140   i a un rei sa noble estampa mirar als ulls d'un fill.

Oh!, cada sol, cada astre del cel sent-me una lira
que em canta en mons més amples i hermosos son amor,
que així l'aubaga terra, que ni tan sols s'obira,
que eixa taca d'un punt m'haja robat lo cor!

145   Prou juntí els continents, de l'aigua al destriar-los,
perquè en ma glòria unissen ses llengües en un cant;
mes lo pecat m'obliga, i amb quant dolor!, a esbullar-los;
quin mal t'he fet, fill d'Eva, que aixís m'ofengues tant?

Per què m'escups lo fang, de què et traguí, a la cara?
150   No parant jo d'amar-te, mai pares d'avorrí'm.
Recordant lo diluvi tremola el món encara,
i ja en demana un altre l'Atlàntida amb son crim.

Mes, prompte a la que esborra del cor mes santes regles,
com lletra mal escrita, l'esborraré del món;
155   i els segles a venir no sabran dir als segles
los vells atlants, llurs tronos o sepultura on són.

Oh mar!, romp la muralla d'arenes que et té presa;
foc que bulls dins la terra, desbota sota el mar;
caieu-hi, negres núvols, com llops damunt la presa;
160   atia'ls tu, mon Àngel, i dóna'ls-la a tragar.

O seraphim, and crown her with song in your arms,
for man will there be born—love of my loves.'

"For him the firmament's broad dome was raised;
for guardians I gave fair angels, for lantern the sun,
135 but now he lifts against me a god of clay;
I put the universe at his feet—thankless one!

"He against me! The creature I loved the most,
whose thought I wished for mirror, as spheres delight
in seeing on blue seas their shine afloat,
140 and kings their noble stamp in their sons' eyes.

"Each sun, each orb in the heavens a lyre of mine
whose love sings out on worlds more wondrous in art,
while the shaded earth, so far away from sight,
but a speck of a speck, should steal my heart!

145 "I joined the continents, apart from the waters,
so in my glory all might raise one song;
but rife with sin, alas! They must be scattered.
Why, Eve's children, have you done me so wrong?

"Why spit at me the mud from which I pulled you?
150 Always I loved you, forever you forsake me.
Recall the dreadful Flood when I reproved you,
and now Atlantis' crime again dictates me.

"So quick to wipe from their hearts my holy laws
that, poor penmanship, I wipe them from the world;
155 and centuries to come will not know where, time was,
stood tall the Atlantean thrones and tombs of old.

"O sea! Break the arena's walls that hold you back;
fires boiling in the earth, burst forth beneath the sea;
descend, dark clouds, like wolves in the attack;
160 let them have their fill, Angel mine, give speed!

Oh!, atolla en sa rodera lo carro de sa glòria;
llança eix got de metzina, si no en beurà tothom;
destralejant fes llenya de l'arbre de la història;
esbulla els pobles; trenca la terra que es corromp.

165   I els 'vui malavinguts fragments en què es partesca,
units pels néts d'Hesperis, me tornaran a amar,
com un parell de braus que el bover desjunyesca
per, al ser vells, poder-los millor aparellar.—

Diu Jehovà, i per entre los sols de sa corona
170   sa cara ha vist Alcides, com llunyedà llampec,
enmig del cel que, núvol i fosc, flameja i trona,
i tantost cau, com arbre que un llamp ha deixat sec.

Mes de prompte, enardint-se son cor a una guspira
que li tramet l'Altíssim, despresa de son ull,
175   com estimbada roca, se llança al món que expira,
grumoll de terra i aigües d'un caos al rebull.

"Their chariot of glory be mired in its tracks!
Toss out this cup of poison, lest all imbibe;
to the tree of history take your firewood axe;
undo the peoples, cleave the lands putrefied!

165   "And today's misfit fragments all split apart,
rejoin by Hesperis' seed in loving prayer:
just as two oxen the ox drover parts,
that in later years might better be paired."

So spoke Jehovah, and on His starscape crown,
170   there flashed His face in skies so dark that Alcides,
amid fire-bolts and thunder, would fall to the ground,
like a tree that is scorched when struck by lightning.

But suddenly, heartened, spurred on by a spark
from the eye of the Almighty, back to the world he goes,
175   speeding into the broil like a plummeting rock,
to that lump of land and waters in boiling throes.

CANT QUINT.
LA CATARATA

Invocació al Geni de l'extermini. Gemecs de la terra mig negada. Saltant d'aigües que per l'esvoranc de Calpe s'hi aboquen. Regirament de les ones amb les despulles de l'Atlàntida. Hèrcules, maresmes i camps a través, cerca a Hesperis amb un arbre encès per brandó. Ella el veu venir i pren comiat de ses filles.

Ministre d'exterminis, que els llamps hi descarregues,
oh!, porta-m'hi entre onades de polseguera i fum;
per eixa nit reveure l'Atlàntida que ofegues,
deixa'm muntar tes ales, de ton flagell al llum.

5   La canto cabussada tombant al precipici,
del món en les entranyes, com boja despertant;
mes canta-la tu amb veu de trompa de judici,
que, d'esglai rogallosa, la meva no pot tant.

Xisclets d'esgarrifança, renecs, ais, cridadissa,
10   veus tristes de la fossa, veus dolces del bressol,
fan cor amb lo feréstec rugit i udoladissa
amb què els boscatges ploren la llum del darrer sol.

De Pompeia a l'estendre-hi son mantell lo Vesuvi,
de Troia i de Pentàpolis, ressona el fort gemec,

CANTO V.
THE CATARACT

Invocation to the Exterminating Angel. Cries of a flooding land. Cascading waters rushing through the opening in Calp. Turbulent waters toss the remnants of Atlantis. Hercules makes his way with a fiery tree for torch through field and swamp in search of Hesperis. She sees him coming and bids her daughters farewell.

Exterminating Angel of lightning unleashed,
lift me across the waves of dust and smoke;
that night you sank Atlantis: once more revealed,
wing me high to the light of your scourging bolts.

5   I sing her thrown headlong into the abyss,
awakening as madwoman deep in the earth's core;
sing her now with voice of judgment's trumpet, since
my own, throaty with fear, can scarce do more.

Cries of despair, oaths and spine-tingling screams
10   —voices soft from the cradle, woeful from the grave—
along with wild bellows and howls convene:
the woodlands weep for the sun of the last day.

From Pompeii, under the blanket of Vesuvius,
and from Troy and Pentapolis, echoes the plaint

15 l'esgarrifall, bram d'aigües i monstres del diluvi,
    i de la nau del món al rompre's, l'espetec.

    Colgades en sepulcres d'escuma les muntanyes,
    de peus al fang, responen amb crits i gemegor;
    i s'ou, com si enrunassen mals genis ses entranyes,
20 de colps, esllavissades i enfondraments remor.

    Sota el tallant la víctima forceja; mes, «Ovella»,
    apar que l'Àngel cride, «no et caldrà, no, estrebar;
    tes selves qui esplomissa, tos cingles qui estavella,
    qui ton tos camps d'aurífic velló, t'ha d'escorxar.»

25 Al seu voltant tot regne s'astora i tremoleja,
    anyells que han vist l'ovella en mans del matador;
    i amb membres i ossos fora de lloc, lo món panteja,
    sentint d'entre sos braços arrabassar lo cor.

    Tan bon punt a les ones lo Calpe s'esportella,
30 aboquen-s'hi en cascada com feres udolant,
    i a cada tros de serra que l'aigua avall cabdella,
    eixampla més sa gorja l'engolidor vessant.

    —Què baixa—crida un nin—de Gibraltar a ramades?
    No són los bens que a péixer venien lo rebrot,
35 que són bramaires monstres de crins estarrufades,
    mare, mareta meva!, que ens xafaran a tots!—

    —A tots!—ella respon-li—; amb aqueix mot m'eixales
    lo cor; vine a mos braços, fill meu, no et cal fugir;
    fugiu, fugiu, vosaltres, aucells que teniu ales;
40 jo esper amb qui més amo que em vinguen a engolir.—

    Lo Volga, el Ròse, el Ganges, amb llurs sorrals i roques,
    cent rius sembla que hi tomben en torb escabellat;
    generacions i segles, així afamada emboques,
    tu, sense fons ni vores, negrosa eternitat.

15 when struck by waters and monsters of the deluge,
  and the snap of the ship of the world as it breaks.

  The mountains, feet muddied, from seething tombs give answer,
  raising a shuddering din of cries and moans,
  as though evil genies pounded their innards:
20 collapsing, crumbling, to the crack of great blows.

  The victim struggles beneath the blade; but, "My lamb,"
  the Angel seems to say, "no one now can save you;
  who plucks your forests and dashes your peaks, and
  crops your fields of golden fleece, must perforce flay you."

25 Kingdoms all round her tremble in fear,
  lambs that have seen sheep at the slaughtering stead;
  the world gasps, its limbs and bones garbled gears,
  and feels how its heart is torn from its breast.

  No sooner is Calp thrown open to the waters
30 than they pour in cascade like howling beasts,
  and the gaping vortex gullet grows wider
  with each piece of mountain the waves unseat.

  A child cries: "What are these herds come from Gibraltar?
  These are no sheep out searching for fresh grass;
35 see the bristling manes of these roaring monsters:
  Mother, dear—they crush everything in their path!"

  "And us!" she replies, "Your words wither my heart.
  Fly, fly, you birds on your wings high above;
  come to my arms, my child, we must not part:
40 I shall wait to be swallowed with my love."

  The Volga, the Rhone, the Ganges, with their broad sands,
  a hundred rivers plunge in unbridled storm;
  generations and centuries, devoured at your hands:
  boundless and famished—darkness, forevermore.

45   I es munten i revénen, i arreu bolcats s'abismen
en remolí, frisosos, mars sobre mars, al fons,
d'a on, amb bull d'escumes i vents que s'enfurismen,
renàixer sembla el caos, sepulcre i bres dels mons.

Apar que a l'estimbar-se la mar de serra en serra,
50   rodole amb les boirades, lo llamp i l'huracà,
buscant dintre l'abisme los ossos de la terra,
per dar-los a eixes àligues del cel a descarnar.

I allà per les planícies d'Hesperis escampant-se,
solleva, aixaragalla i abriga per sopols;
55   se fan enllà les serres, desdint i cabussant-se;
i torres que muntaven lo cel besen la pols.

S'adrecen erms i marges, aprés que el mar trosseja
amb una mà llurs boscos, amb l'altra llurs ciutats;
als peus del puig rodola son cap, i es balanceja
60   l'esperit de les ones damunt l'or dels sembrats.

Escapçats ídols, brèdoles del temple seu despulles,
amb la floreta roden que els encensava els peus;
los calzes d'or i ceptres s'amaguen entre fulles,
al veure així ofegar-se los sacerdots i déus.

65   Lo taup al niu de l'àliga, lo peix al núvol colca;
als cims on espigaren sos pins torna la nau;
en lo jaç de la daina la rèmora es rebolca,
i escorcolla el d'Hesperis algun marí gripau.

Les eugues que batien lo blat volen pels aires,
70   amb l'era i mas a trossos, i garbes i garbers;
fan un gavell entre ones, arbreda i llenyataires,
i amb sos difunts la fossa barreja sos fossers.

D'açò a través, cadavres de pobles i boscúries,
que bullen amb los núvols amb tufejant barreig,

45   Everywhere unfettered, rivers swell and stew,
       spilling in maelstroms to bottomless depths agape,
       sea upon sea, where seething froth and winds brew:
       chaos reigns reborn—of worlds the cradle and grave.

       From range to range the sea goes tumbling and seems
50   to roll with hurricanes and lightning and mists,
       seeking out the earth's bones, buried in the deep,
       whose flesh these skyborne eagles eagerly strip.

       The spreading waters take Hesperis' plains
       all at once, churning in a blanketing flood;
55   mountains step back, then yield and fall away;
       and towers that touched the heavens now kiss the dust.

       Barrens and waste upheave as the waters breach
       woods with one hand, ravage cities with the other;
       and while tops of mountains roll at their feet,
60   over fields of gold the spirit of the waves hovers.

       Decapitated idols, beams of their temples
       now rubble, tumble with flowers that once perfumed their feet;
       among the leafage, gold chalices and scepters
       hide themselves, now drowned their gods and their priests.

65   Moles in eagle's nests, fish riding on clouds;
       ships return to summits where their pines once spread;
       in nooks of fallow deer remora abound,
       and cane toads rummage through Hesperis' bed.

       Mares that once threshed the wheat fly through the sky,
70   threshing floor and farmhouse, sheaf and thresher disjoined;
       among the waves, woods and woodsmen bundled tight;
       in graves, the buried and their diggers joined.

       On every side, cadavers of forests and towns,
       boiling with clouds in a mingling stench, the hero

75   camina i nada Alcides vers l'hort de les cantúries,
de morses i tremelgues i catxalots rabeig.

Prop seu rumbeja una illa naixent ses verdes robes,
i amb bels de mort, encara penjant-s'hi, blancs xaions
esperen a ser presa de les marines llobes,
80   que amb l'illa i tot, altra ona los arrossegue al fons.

Nines galants lo criden des d'un cim de palmera,
allargant-li los braços de gebre esblanqueïts,
i en sos genolls musclosos i rossa cabellera
se pengen infants tendres pel fred esmorteïts.

85   Lo grec tot ho rebutja i empeny a cada banda,
morts i vius, moltonades i llenya a curumulls,
d'un reïnós pi a la teia gegant que el vent abranda,
a la gentil Hesperis cercant, de negres ulls.

De sobte amb ais planyívols i esgaripar de nina,
90   vénen vius a punyir-li lo cor sos alarits,
com piuladissa i tristos sospirs de la cardina,
la torrentada al dur-se'n sos xiricants petits.

No lluny de les Hespèrides se dol sa mare trista,
en l'hort on com sa vida les flors s'han esfullat;
95   quan del brandó terrífic la llum fereix sa vista,
i amb l'esperança dintre son cor, la por combat.

És qui engegà en son regne les mars; ve a esperonar-les
o, condolint-se d'ella, ve a dur-se-la'n a port?
Mes, com deixar ses filles? com somiar deixar-les?
100   Jamai; entre sos braços primer reptar la mort.

Oh cèlica puresa! llavors li aparegueres,
com àngel ensenyant-li de Bètica el camí.
«Vine-hi, si vols guardar-me ton lliri», li digueres,
i al punt, per assolir-te, de tot se despedí.

75   strides and swims toward the garden of lifting song,
      backwater of walruses, whales and torpedoes.

      Nearby, a nascent isle displays its gown of green,
      where white lambs cling and bleat the bleats of death,
      waiting to be taken by lions of the sea,
80   when a wave drags sheep and island to the depths.

      Graceful maidens call from high in a palm,
      outstretching snowy arms to reach the Greek,
      while gentle children, against the cold's assault,
      hold to his fair hair and muscular knees.

85   The hero keeps all at bay, pushing away
      living and dead, flocks and timber piling high,
      searching, a giant resinous pine to light his way,
      for beautiful Hesperis of the dark eyes.

      Suddenly, her cries, plaintive like a child's,
90   pierce to the quick of his heart, like the peep
      of a goldfinch given to woeful sighs
      when her hatchlings are lost in the torrent's sweep.

      Not far from her daughters the mother mourns,
      in the garden where, like her life, the petals are shed—
95   all at once, her eyes feel the sting of the dazzling torch,
      and her heart drives back fear with hope afresh.

      It is he: the one who loosed the seas on her kingdom.
      Will he stir the waves, or lead her to safe harbor?
      Yet these are her loved ones: How can she leave them?
100 She would sooner face death than abandon her daughters.

      You then appeared, oh heavenly purity!
      like angel showing her the road to Baetica:
      saying, "Come, if you wish to safeguard your lily,"
      so she bid all farewell and took you to be with.

105 Fa el darrer plor amb ses belles Hespèrides que moren,
com dits d'una mà balba, dessota el taronger
arrupides; i en ombres, on tan felices foren,
al deixar-les cadavres, també ho voldria ser.

—Per què a mon coll, oh filles, enarbro vostres braços?
110 Al pit lo cor se'm nua d'haver-vos-ho de dir;
nosaltres, que vivíem de besoteigs i abraços,
los últims hem de dar-nos, gemats, ans de morir.

Qui en terra us ha posades per sempre vos hi deixa;
mes ai!, a ses entranyes no repteu de cruels,
115 que és molt punyent l'espina que avui me les esqueixa,
i són, mirau, mes llàgrimes, del cor foses arrels.

No vullau saber altre, de mon amor poncelles;
anau al cel a obrir-vos abans d'entendre el món;
jo que, ai!, embriaguí-m'hi d'olors i cantarelles,
120 hauré d'arrossegar-m'hi amb la vergonya al front.—

I al cel alçant la vista, los dóna l'arreveure,
arrancant-se a llurs braços, que cauen esllanguits,
com esllanguits colltorcen los branquillons d'una heura,
d'un arbre amic al perdre los braços i los pits.

105 She sheds her last tears with her lovely Hesperides,
who pass, curled beneath the orange tree, like fingers
of a hand gone numb; she leaves them, there to be
in darkness, as she too wished, mere cadavers.

"Why, my daughters, do I clasp your arms around me?
110 No heart so grieved to speak such words as mine is;
our lives in kisses and embraces abounding,
and these, our last before we die, the iciest.

"She that brought you to the world now leaves you here;
but do not spurn her for heartless; this thorn today
115 that rips my heart brings pain: see how the tears
my heart pours out bring forth its melting sprays.

"Buds of my love, do not wish to know more;
rise to the heavens and sooner bloom there now
than grasp the world; I, who in its song once soared,
120 will come join you there with shame on my brow."

And so, her gaze to the skies, she bids them farewell,
and slips from their arms that fall limply aside,
like vines of ivy drooping low when severed
from the arms and breast a kindly tree provides.

Los atlants se'n pugen serra amunt a bastir-hi un gran casal, que els servesca de sopluig en lo nou diluvi. Hesperis ix a l'encontre de l'hèroe. Li conta sos amors i maridatge amb Atlas, ses penes i el malastre de sa vida. Hèrcules la pren per esposa, i a través de les ones desfà el camí de Gades amb ella a coll. Defallida, dóna l'adéu als anyells i aucellades que foren ses delícies. Los titans s'afanyen a muntar llur edifici. Quan lo tenen a punt de cloure, s'adonen de la fugida de llur mare amb lo grec, i amb los bocins de l'obra ciclòpea que li rebaten, l'empaiten muntanya avall. Ell fuig a grans gambades entremig de la pedregada i desfet de les aigües. Horribles visions d'Hesperis en la fosca. Lo llamp encén la gran ciutat dels atlants, i ells, guiant-se amb sa claror, tantost assoleixen a Hèrcules.

Hesperis, la d'ulls negres, perquè sos fills no vegen
al grec que ve a escometre-la, llampec en la foscor,
a la ciutat ciclòpea s'acosta, on remoregen
com roig eixam al veure robar ses bresques d'or.

5   I amb por los diu que pugen plegats a la muntanya,
i al cim, puix lo diluvi segon era vingut,
per soplujar-s'hi munten amb pressa una cabanya,
des d'a on puguen veure'l estendre a peu eixut.

CANTO VI.

HESPERIS

*The Atlanteans climb to a mountaintop to raise a great hall, serving as
shelter from the new deluge. Hesperis goes to meet the hero. She tells
him of her love and marriage with Atlas, and the woes and calamities of
her life. Hercules takes her as his wife, and carrying her on his shoulders,
returns to Gades. Hesperis, exhausted, bids farewell to the lambs and
birds that so delighted her. The Titans scramble to complete their hall.
Almost finished, they see their mother running off with the Greek, and
with huge slabs of the cyclopean construction they bombard him from
above. He flees with great strides amid the falling debris and flotsam in
the waters. Hesperis suffers horrible visions in the darkness. Lightning
ignites the great city of the Atlanteans, who, guided by the flashing light,
are about to reach Hercules.*

Dark-eyed Hesperis, so her sons will not see
the hero—a bolt in the night—as he comes,
approaches the great city, where like angry bees
they swarm to guard their golden honeycombs.

5   In fear, she urges them to take to the summits,
where they quickly raise a shelter on the heights
commanding a view of the spreading onset
of the Second Deluge, while keeping high and dry.

—I allà vindreu?—pregunten; i amb veu que li tremola:
10   —Allí aniré—respon-los—, quan la maror vindrà.—
Però sos fills li signen aquella muntanyola,
i ella pensa amb cingleres i terres més enllà.

I, rampa amunt pujant-se'n arramben feixucs còdols,
magalls i cunys, per fendre la roca de solei,
15   i per servir de jàsseres, antenes i permòdols,
fan càrrega, al passar-hi, els arbres de l'esquei.

Al veure'ls enfilar-se rabents de roca en roca,
recorda Hesperis l'hora que hermosos los parí;
alça i retorç en l'aire los braços, i la boca
20   mig obre per cridar-los:—Tornau, que us enganyí!—

Mes repensa, i tement, si massa plany llur vida,
que li pendran la joia que té de més valor,
a llur fossa deixant-los volar a tota brida,
atura el mar de llàgrimes amb què desbota el cor.

25   Per sempre despedint-se'n amb un ai d'agonia,
dos rierons engega dels ulls, ja lluny de tots;
i amb los cabells estesos, com presa de follia,
a qui s'atansa diu-li paraules de sanglots.

Los llops de mar i terra que vénen a esqueixar-la
30   s'amanseixen oint-la tan dolça sospirar;
fins sembla que les ones s'aturen a escoltar-la,
com blancs anyells venint-li les plantes a besar:

—Déu o mortal que sies—li diu—, tu que vingueres
a veure'm a l'abisme rodar amb tots los meus,
35   si, fill de mare humana, de sos dolors nasqueres,
plany-me, ai!, a mi, que amb llàgrimes de sang t'amaro els peus.

Mare he sigut; mes filles al cel no deixí veure,
perquè me les voldria per flors de son jardí;

"Will you come too?" they ask; and she makes reply
10   her voice shaking: "I'll come when the waters rise."
And though they point to the mountain nearby,
she thinks of peaks and lands beyond her sight.

Up the steep slopes they drag enormous stones,
and to split the rioting rock, mattocks and wedges,
15   and for beams, foundation and corbels they load
and take in tow huge trees along the ridges.

Now watching as they make their upward climb,
Hesperis recalls how lovely they were at birth;
she lifts her arms to wave, about to cry:
20   "Come back! I've tricked you!" half-forming the words.

But she thinks again, fearing if she grieves
too much, they will snatch away her jewel most bright,
and so, as they race to meet their fate, she leaves:
holding back her heart's sea of tears inside.

25   She bids them forever farewell in bleak
anguish, her eyes two rivers, soon far away;
her hair unloosed, like a madwoman's, she speaks
in sobs to the one to whom she makes her way.

Beasts of the sea and land alike turn tame
30   just to hear her sorrowful sighs; it seems
there come to stop and listen even the waves,
like foamy lambs approaching to kiss her feet.

"Be you god or mortal," says she, "you, that come
to see me and all those I hold dear plunged
35   to the depths, if born by pain of human mother,
grieve me as I drench your feet in tears of blood.

"Mother I have been; I hid my daughters from the sky
that would take them as flowers for celestial gardens;

doncs, moren, i son últim alè jo no em puc beure;
40   moren, i lluny dels braços i cor on les bressí.

Tinc dotze fills d'espatlla musclosa i pit titànic,
que en guerra amb Déu fan l'obra de l'univers malbé;
mes sota els macs que tiren al cel, llur front satànic
caurà romput, i mare demà ja no seré.

45   Una pàtria tenia, rovell d'ou de la terra;
no tinc ja pàtria dolça ni res de quant amí;
ton braç, ton braç terrible per sempre m'ho soterra,
i sols los ulls me deixes per a plorar sa fi.

Ai!, d'aqueix cor que feres bocins, bé te'n pots doldre:
50   salva'm!, no temo els monstres que d'aire veig venir,
fent xirricar les serres de dents que m'han de moldre;
altre temor m'acora que jo no et goso dir.

Quan, ai!, me coronaven mos dies amorosos
de flors de jovenesa que emmusteí el neguit,
55   de la serra que hereta son nom als soleiosos
cims, d'Atlas somiava recolzadeta al pit.

Los ulls a l'estelada, dalt, part damunt la pensa,
cantava ell les celísties i el fill de l'alba ros,
dels mons que infantà l'Eros i cova, l'avinença;
60   i amb àurea lira, jo ales donava al rim festós.

Polsava-la, a mos fills girant-me engelosida;
plavia'm, ai!, de veure'ls, amb sos ditets gebrats
los bens escarpir elles, peixent-los sajolida,
i amb los lleons ells batre's, pel rost abraonats.

65   Sovint, amb llurs joguines deixant-los a l'herbatge,
baixàvem a esbargir-nos al borbolleig d'un riu;
de tarongina, sàlides florides i brostatge
als cisnes d'ales blanques emmanllevant lo niu.

and now I cannot drink their last breath: they die,
40   far from their mother's cradling arms and heart.

"I have twelve sons of massive chest and shoulders,
who, at war with God, assault His work: tomorrow,
their satanic brows will crack beneath the boulders
they launch, and then I shall be mother no more.

45   "I had a homeland, of all the world the center;
no more have I that homeland, nor what I loved;
your terrible arm has entombed it forever,
you leave me only my eyes to weep its cup.

"You may well grieve this heart you broke to pieces:
50   Help me! I fear not these monsters close at bay,
that would grind me up with their screechy teeth;
another fear grips me, that I dare not say.

"When days of love brought me flowers of youth for crown,
not yet withered by troubles, on heights bright with sunbeams
55   of that range that bears his name and his renown,
there at Atlas' breast I was given to dream.

"He sang, his eyes raised to the starry cosmos
at the edges of our thought, of celestial lights
and dawning sun, of worlds birthed and nursed by Eros;
60   and I'd give wing to his rhyme with gilded lyre.

"I strummed along and watched in joy my children;
the girls as they combed the sheep they adored,
feeding them fresh savory with pearly fingers,
the feisty boys tangling with lions on the slopes.

65   "Often, leaving the children to play on the sward,
down to a bubbling brook we went to wander;
relishing and borrowing, for a time, the hearth
of balm and willow blooms of nearby swans.

De nostre poncellatge l'albada allà retrèiem,
70 los ulls de mes Hespèrides, llur front somiador;
mots ignocents d'esposos enamorats nos dèiem,
que el cor, al recordar-se'n, se trenca de dolçor.

Somnis de maig flairosos, que d'hora us esvaníreu!
Ara entre espines l'ànima sols sap de sospirar;
75 i aprés que amb aleteigs i besos l'adormíreu,
sols sap avui de plànyer-se, mos ulls sols de plorar.

Endormiscant-se'm Atlas a l'ombra d'uns arboços
—era un migdia càlid de sol i xafogor—,
jo lluny, amb ses ovelles sentint mos pollets rossos,
80 m'acosto de les aigües a pendre la frescor.

Quan un aucell que a estones venia'ns a complaure,
per ma dissort se'n vola, bonic com un estel,
de sos jocs a ma prole candíssima a distraure
amb son bec d'or i ploma de la blavor del cel.

85 Cull becada, i de l'herba se'n puja a unes ginestes,
de la ginesta a una alba on nia l'oriol,
i ve de branca en branca, fent saltirons i festes,
als cortinatges d'heura que em fan de para-sol.

Espiant-lo el seguiren mos fills escorredissos,
90 i amb blana mà fent tòrcer los sàlics i bogam,
on creien veure tendres aucells assustadissos,
me veren entre escumes distreta rabejà'm.

Fan repensió als esforços darrers de la puresa,
mes tornen a ma cara, bella en mala hora, els ulls;
95 i al cel volant lo geni beneit d'ignocentesa,
amaga els seus plorosos amb sos finíssims rulls.

Cresqueren, i veient-me'ls de victòria en victòria,
de guerra amb bruit i d'armes anar-se'n a Llevant,

"There we recalled our days of love's first bud,
70   my daughters' eyes, their faces full of dream;
we spoke the earnest speech of spouses in love,
so sweet to the memory, but now brings grief.

"Fragrant dreams of May, how soon you vanished!
Now fraught with thorns my soul can only sigh;
75   so soothing once your fluttering wing and kiss—
now but woe for my soul, tears for my eyes.

"While Atlas slept by shading strawberry trees,
and the sweltering noon lay baked in the sun,
I strolled off to bathe in the cool-flowing stream,
80   yet still within earshot of my little ones.

"Suddenly, a bird that would at times come round,
to our delight, took flight, like a star so bright,
from her nest by my children's whereabouts,
her golden beak and feathers blue as sky.

85   "She fills her beak, then wings up from the grass
into some shrubs of broom, then, home to orioles,
a poplar tree; then leaps from branch to branch,
onto the ivy curtains that are my parasol.

"My eager boys took pursuit when they saw her,
90   and gently drawing the bulrush and willow back,
instead of finding tender startled birds,
they spied me relishing in my sudsy bath.

"Turning their every effort to purity,
they brought their eyes to my face, in unfurled
95   beauty untimely; but the angel of simplicity
veiled their teary eyes behind their soft curls.

"They grew up, and watching them set off to the east,
to the sound of arms, from victory to victory,

pensí que amb sa alenada los aires de la glòria
100 s'endurien los tèrbols records que em mataran.

Mes Atlas mor, e indòmits los fills que duguí al ventre
voltaren-me, ai!, encesos d'un maleït ardor,
i avui mateix volgueren—no és molt que el món se n'entre!—,
volgueren fer-me oferta de llur damnat amor!

105 Als ulls en què mirar-me solia, com aresta
devia rebotir rasposa i foguejant?
Del vostre, oh Déu!, lo llamp cridar sobre llur testa?
Perdó!, jo els era mare; mon cor no pogué tant.

Caient-me al colp les ales del cor, ni sols paraula
110 los torní, i abocant-se'm les llàgrimes als ulls,
del clot de qui més amo vinguí a regar lo saula
i aquí fineix ma vida, si tu al pit no m'aculls.

Tu, que enfonses ma pàtria, no em perdes, ai!, amb ella;
condol-te d'eixa mare i endú-te-la'n amb tu;
115 trau de perill de totes mes joies la més bella;
deslliura ma puresa o aixafa mon cor nu.

Salva-me-la, t'ho prego pels nins que et diuen pare;
jo els gronxaria als braços, ja els donaré els pits meus;
mira que és, ai!, un glavi per aqueix cor de mare
120 l'alletar la fillada de qui atuí-li els seus.

Mes… no; no te m'endugues, que d'Atlas só l'esposa,
i altre home, ni per traure'm del clot, m'ha de tocar;
obre-me'n un i colga'm amb un penyal per llosa,
que els fills de mes entranyes no puguen decantar.—

125 Li diu, i esmorteïda s'inclina al peu de l'arbre
que cobricela els ossos del seu marit difunt,
quan sembla el mot d'«Esposa't» sortir de sota el marbre,
entre el plor de ses filles i els crits de serra amunt.

I thought those turbid memories—and end of me—
100 might be swept away by the winds of glory.

"Atlas died, and the reckless sons I bore in me
came prowling with an evil burning fire,
and this very day—no matter the world cease!—
they sought to quench in me their foul desire.

105 "Should I have pounced like a jagged blazing rock
at those eyes so often mirror to myself?
And call for your bolt to strike their heads? O God!
Such things a mother's heart cannot compel.

"My heart's wings having fallen from the blow,
110 not a word said I, my eyes welling with tears;
I come to water the willow of him I loved most,
and should your heart not open, end my life here.

"You who sunk my homeland, lose not me as well;
condole with this mother, and take her with you;
115 safeguard of all my most beautiful jewel:
set free my purity, or pierce my heart through.

"Set it free, I pray, for those to call you father;
I'll quiet them in my arms, give them my breasts;
and see what a sword for the heart of a mother:
120 to nurse the babes of he who put hers to end.

"But no, do not take me with you. I am wife
of Atlas; by no other must I be touched;
dig a new grave with a crag steep and wide
that the sons of my flesh be unable to budge."

125 So she speaks, bent at the tree shading the bones
of her dead spouse, when at the marbled grave
the words "Wed again" seem to rise from below,
amid her daughters' tears and shouts on the range.

—Anem—diu-li Alcides—, anem; no sospires;
130   també de ma pàtria les ribes deixí;
de Grècia l'hermosa parlar no sentires?;
            per tu jo la deixo,
si en dolç esposori t'uneixes amb mi.

Lo cel és qui em guia com nau a les vores
135   d'eix nàufrag realme, per traure't a port,
i dur-te a una platja feliç, on no enyores
            los boscos que foren
tos boscos de cedres que sega la mort.

Als camps on t'esperen les verges d'Ibèria
140   la terra és més verda, lo cel és més blau;
tu pots trasplantar-hi les roses d'Hespèria,
            i jo de Beòcia,
amb l'art de la guerra, los jocs de la pau.

T'esglaia ma clava que els monstres aterra?
145   Mon cor no és com ella de ferro batut;
a colps mentre obria de Calpe la serra,
            ta veu he sentida;
per ço a dar-te els braços corrent he vingut.

Com riu que s'estimba d'un cim de muntanya,
150   jo arranco quants arbres se'm posen davant,
los rompo i trossejo com llances de canya,
            i rego i amoixo
los joncs i floretes del fèrtil vessant.

Qui só? Los centaures de Tràcia em coneixen;
155   al veure'm s'esquitllen porucs los lleons,
les torres superbes de por s'estremeixen,
            i els cingles mateixos
tremolen, si amb ira trepitjo sos fronts.

Só el torb que llurs selves remou d'un colp d'ala,

"Let's be off!" Alcides replies; "no more tears;
130   I, too, once left behind my homeland's shores;
of beautiful Greece have you never heard?
            For you I leave her,
if in fine wedlock you'll take me as yours.

"It's the heavens that guide me like a ship
135   to your shipwrecked land, to speed you to harbor,
and to the happy beach where you'll not miss
            your woods far-stretching,
your cedar woods that death has now devoured.

"In those fields where the daughters of Iberia
140   await you, the sky is bluer, the land more green;
there you'll replant your roses from Hesperia,
            and I, from Boeotia,
plant the arts of war and the sports of peace.

"Do you fear my club that lays monsters low?
145   My heart, like it, is not of beaten iron;
at times I heard your voice as tall Calp opened
            beneath my club,
and so I sped to take you in my arms.

"Like a river tumbling from high peaks,
150   I uproot as many trees as stand in my path,
like so many canes I break them to pieces,
            yet I water and caress
the reeds and flowers that would thrive on the swaths.

"Who am I? The centaurs of Thrace know my name;
155   and lions, when they see me, slip fast away;
proud towers, so high that they pierce the sky, shake
            from fear, and even
the summits tremble when I walk them in rage.

"I'm the flurry stirring the woods at a wingbeat,

160 só el llamp que a les aigües obrí passadís,
     qui ofega les hidres, qui l'àliga eixala;
              per eixos só Alcides,
     per tu, dèbil heura, só un llor vincladís.

     Mes l'aigua ja abriga les valls i planures;
165 anem, ans que abrigue les serres i tot;
     sortim d'eixa terra d'airades impures,
              bellíssima Hesperis,
     abans que la trenque l'Etern com un got!—

     I a coll prenent-la, al grífol del mar creixent se llança,
170 de peus i mans servint-se com d'ales i de rems,
     mentre ella, amb veu que amarguen lo dol i l'enyorança,
     recorda així a les selves sos més joiosos temps:

     —Adéu, alats salteris, aucells que em despertàreu;
     no tornarà a bressar-vos de l'alba el vent suau;
175 bardisses, que per fer-me bona ombra us enramàreu,
     ponts de verdura i porxes, per sempre adéu-siau!

     I mos anyells? Coneixen ma veu encara i vénen,
     que hermosos, ai, de veure!, que flonjos d'amoixar!,
     i amb tristos bels, mirant-me de fit a fit, s'estenen,
180 com volent dir-me: «Mata'ns, ja que no ens pots salvar.»

     També, ai de mi!, la cerco, la mort, i no la trobo,
     puix, cadavre, al registre dels vius damnada estic;
     adéu, riu a qui perles i arena d'or no robo;
     adéu-siau, boscúries, de ma niuada abric.

185 Per sempre, amb quant estimo, jardí, tinc de deixar-te
     del mar a ser pastura; tant que t'amava el cor!
     La lira que m'emporto m'ajudarà a plorar-te,
     puix sols hi tinc sencera la corda del dolor.—

     En tant, damunt d'altívol serrat que els núvols toca,

160 I'm the bolt that opened passage to the waters,
 slayer of Hydra, clipper of eagles' wings;
   to these I'm Alcides—
 to you, flailing ivy, the buttressing laurel.

 "Look! Waters now fill the valleys and lowlands;
165 soon they'll be covering the mountains as well;
 let us fly from this land of winds unwholesome,
   lovely Hesperis,
 before the High-Most breaks it like a barrel."

 And he takes to the rising bubbling sea,
170 she on his back, wings and oars his feet and hands,
 while she, with bitter voice of longing and grief,
 recalls her joy-filled days in the sylvan lands.

 "Good-bye, my psaltery birds that sang me awake;
 the dawn's gentle breeze will cradle you no more;
175 bramble, that to give me shade would weave the brake
 in greeny galleries: Farewell forevermore!

 "My lambs? They know my voice and come even now:
 a delight to see, and so soft to the touch!
 And with sad bleating, they look at me and lie down,
180 as if saying: 'Since you cannot save us, slay us.'

 "Wretched me! I, too, seek death I cannot find,
 here on the roster of living, cadaver condemned;
 river, your pearls and sands of gold I leave behind;
 farewell, forests: you that were my sheltering nest.

185 "For all I love you, garden, I forever leave you;
 how my heart loved you, soon pasture of billows!
 This lyre that I take will help me to grieve you,
 its one remaining string is that of sorrows."

 Meanwhile, atop a soaring range touching the clouds,

190 altre els atlants n'aixequen en alterós fortí
que els sopluge amb Hesperis gentil, de roca en roca,
quan pugen les onades, com gossos al festí.

Romp l'escodaire amb ferre de tall la pedra crua,
que amb suor negra estoven sos braços, pit i front;
195 i els rocs deixa el manobre damunt sa esquena nua
tombar, en l'ample còrrec fent de pelàsguic pont.

Amb unglots de diable ganxuts altres n'arranquen,
barroers empernant-s'hi, dels puigs amb tremolor,
i a colps de peu, a falla de mall, los esvoranquen,
200 amb pedres tasconant-los, a tall d'estellador.

I amb mà de cíclop sobre més grossos rocs los pugen,
en paret de cinc braces d'amplària, amunt, amunt;
i altres rocs, que a les feres en mala nit soplugen,
arrabassats com tofes de llana els van damunt.

205 Després, per coronar-lo amb volta indestructible,
s'acoten cent espatlles com arcs de campanar,
i de gra a gra s'hi assenta lo roquetam terrible,
sens fer les cariàtides de carn debategar.

Quan, mig clos l'edifici, ja de l'aiguat se reien,
210 serres avall, d'escumes i llenya en lo borboll,
a la claror de l'atxa reïnosa l'hèroe veien
fugir i ai!, amb Hesperis, llur mare hermosa, a coll.

Los alçaprems de ferre li tiren i rocassos,
i darrere els esqueixos de serra, a l'engegà'ls,
215 com rius al mar davallen, apuntalant los braços
en plàtanos sens branques que els feien de perpals.

I enrere deixen terres i mars cada gambada,
tramonten fraus i conques, torrents i xaragalls;
als seus al retornar-se'n la grua en sa volada,

190   the Atlanteans raise another, a high-perched keep
      for them and Hesperis, while rising waters scour
      from rock to rock like dogs eager for the feast.

      Quarrymen use sharp-cutting iron to break great stones,
      their dark sweat soaking faces, arms and chests;
195   and masons from their naked backs drop them below
      to form a Pelasgian bridge in the wide stream bed.

      Others, with devilish talon-like nails, dislodge
      more stones from the trembling peaks, rude and stubborn
      without hammers, kicking and using as wedges
200   rocks to break them after the fashion of woodcutters.

      Then with cyclopean hands, up and up they pile
      the stones onto a five-arm-wide wall of rock;
      and those that shelter wild beasts on stormy nights
      are plucked like tufts of wool and laid on top.

205   Finally, to crown the bulwark with sturdy vault,
      one hundred shoulders, bent like bell tower arches,
      ease the fearsome rock-peak into place on it all,
      not a quiver from these flesh-and-blood caryatids.

      The edifice nearly complete, they mock the rising
210   waters below, seething with timber and waste,
      and by his resinous torch they catch sight of him—
      their beautiful mother on his back, racing away.

      They hurl great stones and bars of iron his way,
      and ridges from the range, like raging rivers
215   to the sea when thrown, their arms firmly braced
      on sycamores stripped of branches for mighty levers.

      They cross land and sea with their every stride,
      leaping surging streams, torrents, basins and gullies;
      not even the crane when back to her clutch she flies

220 no veu així a més córrer passar turons i valls.

Llur crit, trepig, llambordes i bigues que brunzeixen
a Alcides esperonen, que fuig per l'erm fangós;
quan a sos peus restobles, selves i munts falleixen,
com tallamar devora les ones coratjós.

225 De còdols, terrossedes i troncs a la tempesta,
i esquitxoteig que enllota lo cel diluviant,
s'hi lliga la dels núvols, damunt sa rossa testa
brogenta, xafadora, i en terbolí esclatant.

Lo pi, que flamareja de l'hèroe als dits, s'apaga,
230 únic estel que eix vespre d'horrors al front tingué,
i en la foscor palpable d'Egipte tot s'amaga,
com si apagàs los astres del cel qui els encengué.

Lleons, caimans i boes amb óssos blancs se topen,
ensems amb llurs muntanyes de glaç i de verdor;
235 amb elles grans onades pel camp del mar galopen,
i sembla el món desfer-se d'espasme i tremolor.

Les boires, apilades, en aigua i pedra es fonen,
sa crin de foc espolsa lo torb desembridat,
i amb llur bram les balenes al bram del mar responen,
240 a tall d'illes surantes fenent sa immensitat.

Obrint-se entre elles aspre camí, lo grec s'engolfa,
contracorrent i a palpes, sens atinar a on;
i el temporal i el xàfec que l'huracà regolfa,
i les mars, d'una a una, s'esberlen en son front.

245 Sovint caient dels aires, en la infernal tremuja
s'enfonsa del caòtic abisme rebullent,
i de sos antres altra zumzada se l'en puja
boires amunt, com fulla resseca en mans del vent.

220   sees rushing by such view of peaks and valleys.

Their shouting and tramping, great slabs that whiz by
only spur him on, plowing the quaggy wastes;
when at his feet no stubble or mound can he find,
like the prow of a ship he devours the waves.

225   To the storm of boulders, massive clumps and trunks,
and splattering that muddies the deluging skies,
there joins, above his handsome head, the crush
of breaking cloudburst and the whirlwind's cries.

The flaming pine the hero holds now fails—
230   the only star to guide him in the terrible night,
and in the pitch dark of Egypt all is veiled,
as if who once lit the heavens put out their light.

Lions, crocodiles, boas and white bears collide,
and so also their mountains of ice and green;
235   the world seems to collapse in quaking demise
as great waves gallop on the fields of the sea.

The ever-mounting mists turn to rain and hailstones,
fanning the whipping winds with their flaming mane,
and whales give answer to the bellowing billows:
240   so many floating islands plowing the main.

Making his rugged way between them, the Greek
heads farther out, blindly, against the current, where to,
no clue—the storm and downpour the hurricane breeds,
and the seas, come pounding his face again and anew.

245   At times, the infernal hopper shoots him through
the air, down into the chaotic boiling abyss,
only to be seesawed up to the altitudes
from the depths like a dry leaf tossed on winds.

Quan pensa que per rònega, plombada afrau s'estimba,
250 los peus li amoixen ordi pastís i flors del camp;
i al refluir l'onada, quan ja li apar que minva,
de colp remunta als núvols a frec a frec del llamp.

I a sa claror, un caos apar de roja flama
la mar d'on ell és àtom, d'una ona al cim penjat;
255 davall, boques de monstre dins la del mar que brama;
damunt, rius d'aigua, marbres i fusta a bell ruixat.

I boires, vents i onades, amb roncs esgarrifosos,
del cel i el pèlag miden l'abisme a rebolcons,
en llur desfet i brega set voltes, rogallosos,
260 trametent d'un a l'altre lo cru espetec dels trons.

Veu a gavells cadavres passar d'infants i dones,
lo seu alguna encara duent estret al pit,
i als atlants, entre crestes de neu de llunyes ones,
de basilisc la ullada clavant-li fit a fit.

265 Veu açò i l'encoberten de nou tenebres fosques;
amb aigua a coll trasteja de terra al cel tramès,
ja entrebancat d'un cingle per espadades osques,
ja entre els cabells nuosos d'una ridorta pres.

Cau i s'ensorra, el colga sovint l'ona negrenca;
270 d'a on cerca refugi ne surt feréstec orc;
l'avet a què s'agafa segueix d'arrel o es trenca;
on posa el peu se bada per engolir-ho un gorg.

La llambreganta ullada de fera monstruosa
seguint, tantost lo copsa son ample coll obert,
275 i ensopegant les serres de sos queixals, l'hermosa
fa oir son escarfall en l'horrorós concert.

I monstres afigura llavors més espantables,
que a rues pernabaten i juguen a l'entorn,

When he thinks himself gulped down by the ragged crack,
250   he feels meadows at his feet; and when the waves resurge,
at the very moment he thought them pulling back,
up to the clouds and fire-bolts he is hurled.

And by that light, a flaming red chaos of sea
can be seen: he, a speck on the tip of a wave;
255   below, monstrous jowls in jaws of a raging sea;
above, debris and rubble in a furious rain.

Thick mists, winds and swells, with spine-chilling howls,
careen from sky and sea, from over and under,
embattled and spent, and tumbling to the bowels,
260   echo sevenfold the raw clapping of thunder.

Scores of corpses go by, women's and children's,
some held tight to their mother's breasts, and between
the snowy crests of billows in the distance,
the basilisk-like gaze of the Atlanteans.

265   All this he sees as a foul darkness sets in—
tossed between earth and sky in waters to his neck,
now taken in tangled vines of clematis,
now wedged inside a rocky wall's deep clefts.

Falling, sinking, pulled under by pitch-dark waves,
270   he seeks refuge just where a sea monster comes out;
the brand he wields will either hold or break;
wherever he steps, a gorge would gulp him down.

The fierce glare of the horrible beast on his heels,
it nearly takes him in its yawning throat,
275   and Hesperis, grazing against its saw-like teeth,
lets go a scream above the heart-chilling notes.

Now she pictures monsters still more horrendous,
thrashing about all round in wild parade,

llurs boques de caverna badant insondejables,
280   sovint per algun llamp enceses com un forn.

I és tot per ella un caos d'espectres lleigs e informes;
ho són pinacle i sòcols rodant en confusió;
la rufacada és aire de llurs ales deformes;
sa llengua, el foc del núvol; llur bramadissa, el tro.

285   Fantasmes són, que allarguen negrencs i ossosos braços,
los verns que el vergassegen surant d'arrels amunt;
balenes són les roques, los turons, gegantassos,
que encaputxats de núvols, s'encalcen d'un a un.

Umple els espais, de sobte, feréstega clariana;
290   ella ho coneix: l'altàntica ciutat ha encès lo llamp;
la flama, que l'encercla com infernal capçana,
respon al mar i als núvols amb més sencer rebram.

Vergers, palaus i llotges són boques de vesuvi
amb què brega, atenyent-los a llenques, la maror;
295   sos fills, quan se n'adonen, lluitant amb lo diluvi,
—Bé trigà prou—exclamen—ma llar a fer claror!—

I raig a raig, Alcides de més a prop sent ploure
palets que servirien per moles de molí;
i bromereig i tràngol darrere seu remoure,
300   i estendre per garfir-lo llurs braços de rampí.

A cada pas ressona més prop llur roncadera;
llurs ungles ja esgarranxen de sos talons la pell,
i, al crit i esgarrifança d'Hesperis encisera,
té por de que ja urpegen son voleiant cabell.

their unfathomable gaping mouths, cavernous,
280 at times lit like furnaces by lightning blaze.

To Hesperis, all is a chaos of hideous specters,
madly circling from pinnacle to plinth;
their tongues are the fiery clouds; their wailing, thunder;
and the gusts from their malformed wings, foul winds.

285 Phantoms lash the hero with dark and bony arms
outstretched, these floating alders, roots topside;
great rocks appear as whales, and towering hills are
giants with clouds for hoods, each striking on all sides.

Suddenly, a fierce illumination fills the spaces;
290 she knows the place: Atlantis the bolts have fired;
an infernal halter girding the city ablaze
gives to wailing sea and clouds full-throated reply.

Gardens, palaces and colonnades are Vesuvian
jaws, taken in pieces by the rivaling tide;
295 and seeing this, her sons combating the deluge
exclaim: "My home took its time to fuel the light!"

Alcides now hears close by a pounding rain
of pebbles the size of millstones; and speeds fast
from the foam and commotion pressing at his train,
300 and rake-like arms stretching to catch him in their grasp.

With each stride their uproar now rings closer, their nails,
like talons, scratch the skin of his heels threadbare,
and at his lovely Hesperis' shudder and wail,
he fears they claw into her loose-flying hair.

CANT SETÈ.

COR D'ILLES GREGUES

Episodi: l'Estret de Gibraltar s'eixampla i la mar Interior hi deixa escolar més de pressa ses aigües, deixant veure noves illes i terres. Desvetllament de Grècia. Delos. Les Cíclades. Les Esquínades. Sicília. Lesbos. La vall de Tempe. Renaixença. Apoteosis d'Hèrcules.

A les creixentes ones sa immensa portalada
va obrint de pinta en ample de Gibraltar lo Freu.
Sos dos muntants de pedra fan lloc a la riuada,
i el front de Calpe a trossos serveix de marxapeu.

5   Amb crits d'esglai s'hi estimba la mar, com si en la volta
del cel tronàs encara la veu d'Adonaí;
i roda amb penyes, boscos, sargassa i llot revolta,
muntada com salvatge corser per terbolí.

I creix, i afamat monstre, rugint la catarata
10   atrau d'Etrúria i Xipre les aigües cap ençà,
sos llacs minva l'Adriàtic, l'Egeu sos rius de plata,
i es vessa, urna trencada, lo vast Mediterrà.

Lo riu d'Egipte allarga com cocodril sa boca,
Esmirna, Èfeso i Troia s'allunyen de Neptú;
15   l'illot de Tiro a l'Àsia s'agafa amb braç de roca,

CANTO VII.
CHORUS OF GREEK ISLANDS

Episode: The Strait of Gibraltar widens and the Inland Sea comes rushing through, revealing new lands and islands. The awakening of Greece. Delos. The Cyclades. The Echinades. Sicily. Lesbos. The Vale of Tempe. Rebirth. Apotheosis of Hercules.

The enormous gates of the Strait of Gibraltar
are thrown back wide to huge expanding waves.
Its high twin rocks give passage to the waters:
Calp's brow now doorstep of toppled remains.

5   The sea comes crashing with horrendous roar,
as though from heaven Adonai's thundering;
and like a whirlwind on the wildest horse,
a chaos of cliffs, woods, weed and sludge go tumbling.

The monster grows, voracious, pulling the sea
10   from Etruria and Cypress, shrinks the Aegean
and Adriatic, while, an urn unpieced,
outward pours the enormous Mediterranean.

Egypt's river extends its crocodile mouth,
of Neptune take leave Smyrna, Troy and Ephesus;
15   to Asia the isle of Tyre now reaches out,

i al bes de Sahara donen les Sirtes son pit nu.

Los Apenins eixamplen son bell repeu de marbre,
Provença creix per veure brotar ses Illes d'Or,
i com de primerenca tanyada el tronc de l'arbre,
20   los continents se volten de rams d'illes en flor.

Aixís, a l'aclucar-se lo sol, van a més córrer
sos raigs, com rierades d'or fos vers Occident;
lo dia, el bruit, la vida de l'univers s'hi escorre,
i és de celístia un pèlag bolcat lo firmament.

25   Mes entre els plecs de ròssec daurat, que el jorn retira,
desencastades perles, llambrega algun estel,
espurnes que restaren d'aquella immensa pira,
petjades, ai!, de l'astre gegant que omplia el cel.

Mare dels déus, oh Grècia!, tu dormies,
30   com Venus per les ones bressolada,
aquella nit terrible, i res senties
del tro i eixordadores harmonies
amb què fóra l'Atlàntida enfonsada,
Mes, com mantell de setí blau trossada,
35   la mar, que encara amb dos replecs t'abriga,
te mostrà nua al cel i et despertares;
i als raigs de la celístia tremolosos,
            i de la lluna amiga,
tos tendres ulls, encara somiosos,
40   vers l'hort de les Hespèrides girares.
            Llavors per tes arenes
rodolaren set càntigues sonores,
            com de gentils sirenes,
            que sos amors i penes
45   a sospirar vinguessen a tes vores.

and the Syrtes give their breasts to Sahara's kiss.

The Appenines show their fine broad marble base,
Provence brings into view Lis Isclo d'Or,
and like on tree trunks early blooming sprays,
20   the continents display bouquets galore.

And now the sun, dipping low, sends its beams
like golden rivers on their westward flow;
the day, din, and cosmos a living stream,
the skies a spilling sea of celestial glow.

25   In folds of gilded train the day draws back,
pearls unstrung, there flicker stars by and by:
sparks left by that great pyre along its track,
remnants of the giant orb that filled the sky.

Mother to the gods, O Greece! you slept
30   like Venus cradled by the waves
that awful night, heard not the cannonade
nor the deafening harmonics that swept
and sunk Altantis to the deep beneath.
Then, as drawn aside a blue satin cape,
35   the sea, covering you now but piecemeal,
showed you naked to the sky and you awoke;
and by the shimmering rays of heavenly orbs,
    and moon ever-collegial,
you turned the tenderest of eyes, still dreamful,
40   toward the Garden of the Hesperides.
    And then above your sands
there lifted now seven melodic scores,
    as from sirens on the strand,
    whose loves and griefs they sang
45   in sighing and rejoicing on your shores.

DELOS

Per la fitora de Neptú arrancada
d'un dels tres caires de Sicília bella,
              vegí'm com nova estrella,
del mar immens en la blavor llançada.
50   Mirant-me les gavines
de borrallons d'escuma coronada,
cregueren-me llur càndida parella;
              les àligues marines
cregueren-me de lotus flor novella,
55   que entre randes de mar i coral·lines
hagués badat sa virginal parpella.
Al veure'm en los marges de l'Etòlia
l'Aqueloos, als besos de l'aurora,
me prenia per calze de magnòlia
60   que li oferís aromes en sa vora.
              Les illes me prenien
per un navili de rumbosa vela,
              que, ple de rics aflaires,
              los joguinosos aires
65   d'Epidauros a Dòrida empenyien;
i amb música, remors i canticela,
los tritons i oceànides seguien
lo fil d'argent de ma lliscanta estela.
Trobà en mon si dolcíssima acollida
70   Latona, perseguida
              per Juno sobirana,
              de Jove engelosida;
quan fins los rius fugien de sos passos,
li negava la selva sos ribassos,
75   i el fer lleó ses balmes;
a l'ombra recolzada de mes palmes
parí i, bressol de Febo i de Diana,
jo els gronxí dolçament entre mos braços.
Llavors, sortint de les pactòlees ribes,
80   tot cantant set vegades me voltaren

DELOS

By Neptune's mighty trident forked and torn
from one of Sicily's three handsome sides,
   I seemed a star new-born,
and launched out on the sea all blue and wide.
50   Seagulls, catching sight
of my beautiful crown of frothy foam,
took me for their alabaster mates;
   white-tailed eagles mid-flight
thought me a budding lotus flower,
55 opening eyelids pure and chaste
among the coral and watery lace.
Seeing me off Aetolian shores,
Acheloos, with the kiss of dawn's hour,
took me for magnolia calyx
60 offering up its goblet's fragrance.
    Isles that took me into view
fancied me a ship of splendid sail
   with payload of perfumes
   that sprightly winds conveyed
65 from Epidaurus to Doris a sea away;
and raising a racket in lyric and song,
Tritons and Oceanids followed along
in the bright thread of my smooth-rolling wake.
Leto, when forced to flee the wrath of Juno,
70   sovereign queen
    jealous of her Jove,
    took haven in my breast;
when from her footfall even rivers fled,
and forests barred her from their slopes,
75   and lions from their dens;
now resting in the shade of my palm trees,
at last gave birth, while I, sweet cradle to
Phoebus and Diana, lulled them in my arms.
Then, appearing from Pactolian banks
80 and seven times circling all round me sang

los cisnes de Meònia i, fugitives,
    al meu entorn dansaren
del cel les Hores, abocant ses faldes
de murta, terebints i semprevives,
85   d'àmbar, coral, topazis i esmeraldes.
Com en camp de violes l'englantina,
só de totes les illes la regina;
    mes, ahir vespre, llesta,
a un auguri de pròxima tempesta,
90   del mar de Mirtos m'abriguí en les cales,
    que amb mos perfums emmelo;
    i recollint les ales,
per sempre aquí mes àncores arrelo.

LES CÍCLADES

    Nimfes de peus de rosa,
95   en estolada airosa,
de les platges d'Argòlida sortíem,
    per veure a Delos bella,
    i anàvem i veníem
a flor d'aigua llisquívoles com ella;
100   quan nostres peus se gelen,
fets branques de madrèpora, i s'arrelen;
    en fàcil promontori
s'eixamplen nostres dors i pits de vori;
    dins nostre cor sentírem
105   del marbre entrar la fredorosa gebre;
de narcisos, llentiscles i ginebre
    garlandes nos cenyírem,
    i en cèlica escampada,
    com flors de l'estelada,
110   entorn de l'illa on infantà Latona,
    per fer-li de corona,
en oasis del mar nos convertírem.

the Maeonian swans, while, the fleeting Hours
    of the heavens came to
dance all round me pouring from their skirts
terebinth, sempervivum and myrtle,
85   and amber, coral, topaz and emeralds.
Like the wild rose among a field of violets,
'tis I the reigning queen of all the islands;
    but last night, signs of a storm
approaching, I made all speed to find refuge
90   out among the Myrtoan Sea's great coves
    honeyed with my perfumes,
    and tucking my wings close,
I dropped my anchor here forevermore.

THE CYCLADES

    We set out from the beach,
95   a sprightly bevy of nymphs,
we of rosy feet from Argolis,
    to see the lovely Delos,
    and to and fro we skimmed
the waters as smoothly as even she;
100   and when our feet fast hardened,
taking root as stony coral branches,
    ivory our breasts and backs,
we stretched with ease and took the form of headlands;
    and we felt in our hearts
105   the cold and penetrating frosty marble;
jonquil and mastic and juniper wreaths
    we took for our attire,
    and scattering far and wide,
    like blooms in starry skies,
110   all round the isle where Leto once gave birth,
    bright crown to make for her,
we settled as oases on the sea.

LES EQUÍNADES

Nimfes també, de l'Aqueloos filles,
amb tants lliris, nimfees i jonquilles
115   dels altres déus les ares enramàrem,
      que per l'altar del pare
sols troncs, fullatge i esporguims trobàrem.
Amb un crit horrorós per la ribera
      lo riu sortí de mare,
120   com un lleó saltant en sa carrera;
nosaltres vers la mar, per la drecera
fugint, ses falconades sortejàrem,
mes, entre esculls i núvols de bromera,
      ja al franquejar ses boques,
125   amb sa alenada fera
      nos converteix en roques,
on ve Proteu a pasturar ses foques.

MOREA

      Com fulla de morera
al revenir la saba en primavera,
130   jo sento amb noves ales espaiar-se
      ma esplèndida ribera.
Veig d'Èlida les flors amb tu, Zacinto,
flor de les illes jòniques, guaitar-se,
i amb un pont d'or a ma gentil Corinto
135   Boècia emmaridar-se;
i enamorats de la rient Citeres,
lo Maleus forçat i lo Tenari,
      amb dos rams de palmeres
sos amorosos braços acostar-hi.

THE ECHINADES

Nymphs, we too, are Acheloos' daughters,
and many the lilies and jonquils we fetched
115   to adorn the altars of other gods,
        but offered to our father's
only underbrush and branches and stems.
With a terrible roar the river leapt
        and swelled and poured abroad
120   like a lion springing from its bed;
we fled its pounding onslaught and we sought
the shortest path to lead us to the sea,
but once there, among treacherous mists and reefs,
        just clear of open waters,
125   it struck with beastly breath
        and turned us into rocks,
where Proteus now comes pasturing his seals.

MOREA

    Just like the mulberry leaf
with each returning sap of spring,
130   I feel along my splendid reefs
        the spreading of new wings.
I see the flowers of Elis and you, Zakynthos,
flower of the Ionian Isles, whose gaze you meet,
and with a golden bridge my noble Korinthos
135   now weds Boeotia;
and hearts swept by the smiling Kythira,
Tainaron and forking Maleas
        outstretch their loving arms
to her with two bouquets of palms.

SICÍLIA

140 A esclat de mort mos cíclops treballaren
tota eixa nit; remors de malls i encluses
dins les fargues de l'Etna rodolaren;
en sa infernal, horrible xemeneia
de fum i flama un brollador se veia;
145 i per valls i muntanyes,
la terra, en agonia,
vessava a glops lo foc de ses entranyes.
Feréstec retrunyia
lo tro a ponent, lo terbolí i cridòria,
150 com d'algun continent que s'esllenega
amb ses ciutats, sos tronos i sa glòria.
Encara allà dellà trona i llampega;
jo a trons i llamps estic temps ha avesada;
mes a son cor Itàlia ja no em lliga,
155 pus sols per ésser grega,
al veure-la en la fosca endormiscada,
per sempre li arranquí mon braç d'amiga.

LESBOS

Entre Lemnos i Quio,
mentres anit dormia en son ditxosa
160 (si no és que encara sòpita ho somio),
mes dos meitats florides
vegeren-se afegides
com dos anells d'una cadena hermosa.
Ja mes vinyedes d'Issa
165 allarguen sos damassos
per los jardins assoleiats d'Antissa,
ja l'anyell delitós amb quatre passos,
de bardissa en bardissa,
assaboreix la jonça que entapissa
170 mes dues encontrades pariones;

SICILY

140 When death's hour struck my Cyclopes labored through
the night; hammers and anvils raised a din
echoing from Etna's forges deep within;
and from its terrible infernal chimney
the flames and smoke came spouting into view;
145   and the Earth, in agony,
       from vales and peaks outpoured
great jets of fire that rose up from her core.
     There came the savage roar
of thunder and whirlwind and chaos in the West,
150 as if there had collapsed some continent
along with all its cities, thrones and glories.
The thunder and lightning filled the far-off skies,
though I have long been accustomed to these;
but Italy holds me in her heart no more,
155   and feeling drawn by Greece,
and seeing Italy sleepy in the dark,
I now pulled back from her my loving arm.

LESBOS

     Between Lemnos and Chios,
while I last night asleep in dream (if still not
160 dreaming drowsily some hatched illusion),
     my two flourishing halves
     were blended into one,
as two links on the loveliest of chains.
     The vineyards of my Issa
165   now spread out their damasks
into the sunny gardens of Antissa,
and eager lambs, now taking a short ramble,
     from bramble on to bramble,
can relish jonquil carpeting the plains
170 and weaving into one my coupled lands;

i, la mar que entretalla mos ribassos
afluixant a plaer sos flonjos llaços,
  mes dos filles bessones
avui per sempre s'han donat los braços.
175   Quan inhumanes dones,
sa lira trossejant i ses corones,
   la testa a Orfeu llevaren,
menys amargantes que llur cor, les ones
en sa falda de perles la copsaren;
180 i bressant-la, bressant-la condolides,
i amorosint amb besos ses ferides,
   en los jardins de Flora,
   de ma rosada vora
com present de les nimfes la deixaren.
185 Obrint son llavi, que la mort esflora,
   com mústiga poncella
que reviva amb ses llàgrimes l'aurora,
    allí lo nom sospira
    d'Eurídice la bella;
190 i jo al sentir-ho, sospirí com ella.
    Sa melodiosa lira,
    fontana de dolçura,
fou vora el Cisne entre els estels penjada;
i jo, de tant mirar-me-la en l'altura,
195   amb terrenal figura
la seva celestial he copiada.

TEMPE

Rodant, rodant pel cor de mes boscúries
lo Peneos, al pas de les centúries,
   com un corser sens brida
200 anà perdent son galopar salvatge,
i dels meus rossinyols a les cantúries,
i al bruit suau del vincladís fullatge,
   ses ones argentines,

and—the sea that shapes and sculpts my shores
now willing to loosen its gentle grasp—
     my twin daughters today
have reached out and joined arms forevermore.
175   When at the cruel hands
of maenads Orpheus's lyre and laurels were smashed,
     when then his head was severed,
the waters of the river, more tender-hearted,
within their pearly skirts now gave it harbor;
180 and cradling it carefully in their grief,
and comforting with kisses all its pain,
     bore it to Flora's garden,
     along my pleasing reefs
to be a gift to Nymphs who would safeguard it.
185 Then opening his lips that death has paled,
     like a withering bud
that tears of daybreak now come to revive,
     he utters with a sigh
     Eurydice, beloved;
190 hearing this, I sighed as though I were he.
     His melodious lyre,
     fount of all that is sweet,
now hangs by Cygnus up among the stars;
and I, long contemplating it above,
195   have come to imitate,
taking here on Earth its celestial shape.

THE VALE OF TEMPE

Wandering, wandering through my wooded heart,
the Pineios, down through the centuries,
     like a steed without bridle
200 has slowly come to ease its breakneck pace,
and of the music of my nightingales,
and of the muttering of my leafy trees,
     its gleaming river waves,

dant besos a les flors i fent joguines,
205   de verger en verger s'emperesiren;
i a l'ombra dels rosers que el sol abeura,
en llit de llirijoncs i clavellines,
    dessota arcoves d'heura,
    com defallides nines,
210   pel son d'amor vençudes s'adormiren.
Lo lligabosc, espígol i roselles
al bressoleig de l'aigua s'esfullaren,
    i soles les estrelles,
de blau vestides i esplendors novelles,
215   d'estiu en nits serenes s'hi bressaren.
Avui venia a emmirallar-s'hi amb elles
    sa reina esblanqueïda,
quan de l'Olimp i l'Óssa entre les plantes,
    obrint-se ampla sortida
220   les ones udolantes,
tornen al llit de sa corrent primera,
i jo, com en l'abril de ma florida,
torní a albergar la dolça primavera.
Veniu, veniu, oh, verges de Tessàlia,
225   com al rusc d'or les místiques abelles;
deixau per mes gemades fontanelles,
oh Pièrides, les aigües de Castàlia;
i desvetllant les dolces cantarelles
    que dormen en la lira,
230   digau-me:—Qui retira,
cortina de mon cel, la cotxa blava,
que en mon ombrívol tàlem m'abrigava?
Al gegantí Peneos, qui el desnia
    de mos flairosos braços?
235   Les aigües de l'Egeu, qui les desvia,
    com cerves temeroses,
    fent recular sos passos?
Qui solleva en ses platges onduloses,
d'illes rients constel·lacions verdoses?—

that kissed the flowers and stirred and leapt at play
205 through grove and orchard, seem to have grown weary;
and by the shade of roses bathed in sunshine,
on a bed of gladiolas and pinks,
    beneath alcoves of ivy,
    exhausted from delight,
210 the waves were overcome by love's sweet slumber.
Honeysuckle, lavender and poppies let go
their fragrant petals to the cradling waters,
    and then the stars alone,
arrayed in blue and bright with newfound splendor,
215 would shine below on stillest nights of summer.
Today there came to join them in that mirror
    their pale night-sky queen, when,
between Olympus' and Ossa's broad feet,
    the way now opening wide,
220   the waves with mighty howling
returned to the bed of their ancient course,
and I, as in the April of my flowering,
once more gave hospice to delectable spring.
O Thessalian maidens, come back again,
225 as mystic bees back to the honeyed hive;
Pierides, leave behind Castalia's waters,
and relish in their stead my sparkling springs;
and wakening the sweetest of all songs
    that sleep within the lyre,
230   speak to me: "Who pulls back
the blue bedspread that curtains off my sky,
that blanketed my shaded wedding bed?
Who snatches the giant Pineios from
    my richly fragrant arms?
235 Who diverts the waters of the Aegean,
    now beating a retreat
    like deer in sudden fright?
Who stirs up the rippling watery beaches,
lifting green constellations of bright isles?"

240 Grècia respon:—És lo meu fill Alcides;
   l'he vist des de la serra
 que, mirador dels déus en la Tessàlia,
   obira l'ampla terra
 jaienta arrodonir-se en sa rodàlia,
245 com un escut esmaragdí que volta
 lo gran riu Occeà. És mon fill que solta,
 Peneos esverat, tes àurees brides,
 perquè del Tempe i sos amors t'oblides.
   És ell qui us ha descloses,
250 com de mon hort poncelles matineres,
   oh Cíclades herboses.
   És ell qui a tu, Citeres,
   i a tu que el nom prengueres
   a tes filles les roses,
255 vos ha fet de l'Egeu les portaleres.
   És Hèrcules qui arranca,
 Mediterrà, lo vel de tos misteris;
 l'he vist obrint de Gibraltar la tanca,
   i envers los camps d'Hesperis,
260   amb una encesa branca,
 mostrar al vell Neptú nous hemisferis.—

 Digué, i com de blancs cisnes la covada,
 vora son niu de riberenca molsa,
   a l'oir la veu dolça
265 de la que els peix mengívola becada,
 buscant les ales maternals, les illes,
 de Grècia i de l'Egeu càndides filles,
 aixecaren un càntic de naixença,
 que, bressant-les encara en ses conquilles,
270 recorda sospirant la mar immensa.
   A un caire de muntanya
 l'orèada s'enjoia i se perfuma;
   la nàiada se banya
 en la fontana de lletosa escuma;
275 dins l'arrugada escorça de cada arbre

240 Greece replies: "It is Alcides—my son;
           I saw him from the mountain,
     steep look-out of the gods in Thessaly
           commanding these wide lands
     that stretch out circling far in all directions
245 like an emerald shield surrounded by
     the great river Oceanus. 'Tis my son
     the one who unstraps, Pineios uneasy,
     your reins that you might forget Tempe's love.
           'Tis he who opens you
250 as in my garden early-morning blooms,
           O grassy Cyclades.
           'Tis he that turned you, Kythira,
           and you whose name you take
           from your daughters, roses too,
255 into the keepers of the Aegean's gate.
           'Tis he who pulls away,
     your veil of mysteries, Mediterranean;
     I saw him open up Gibraltar's gates,
           then out by Hesperis' garden,
260   raising a branch ablaze,
     show ancient Neptune hemispheres uncharted."

     So spoke Greece, and like a clutch of young swans
     that swim nearby their mossy shoreline nest,
           on hearing the soft call
265 of the motherly beak that nourishes them,
     and seeking those maternal wings, the islands,
     lovesome daughters of Greece and the Aegean,
     lifted their voices in a song of birth,
     that cradling them while still in their shells
270 the far-flung sea remembers with a sigh.
           Oreads, on mountainsides,
     bedeck themselves with jewels and perfume;
           and Naiads come to bathe
     in springs and streams that stir with milky foam;
275 within the wrinkled bark of every tree

bat lo cor d'una dea;
pren forma, vida i esperit lo marbre,
i en cada flor los zèfirs amorosos
veuen los ulls verdosos
280   de púdica Napea.
Al compàs de les Gràcies,
harmonisen sa dansa en les riberes
los pastors a l'ombriu de les acàcies,
i en lo cel blau les rítmiques esferes.
285   I mentre amb sos joiells i amb los de Ceres,
l'enramellada Flora,
per cobrir de les illes la nuesa,
nova catifa de verdor hi ha estesa,
Iris, que el sol enyora,
290   teixeix los set colors en sa garlanda,
que el cel pendrà per banda,
i del sagrat Olimp entre les bromes
los déus fan lloc al més valent dels homes.

there beats a goddess' heart;
marble takes on shape and life and spirit,
and inside every flower enamored Zephyrs
catch sight of shy Napaeae's
280   lovely eyes of green.
The Graces mark the time,
that shepherds match in dance on riverbanks,
in shade provided by acacia trees,
and in blue skies the rhythm of the spheres.
285   And with her jewels along with those of Ceres,
bouquet-laden Flora,
to cover up and dress the naked islands,
goes spreading all round new carpets of green,
while Iris, lonesome for
290   the sun, weaves in a wreath the seven colors
that skies will take for stripes,
while, among the clouds of sacred Olympus,
the gods make room for the bravest of men.

CANT VUITÈ.

L'ENFONSAMENT

L'aiguat domina les altures i es lliguen per sempre les ones de la mar del Nord amb les del Migdia, les de l'Occident amb les del Mediterrà. Hèrcules s'acosta al mur de Gades. Se deixa prendre a Hesperis de ses espatlles per Gerió, qui fa estimbar per damunt seu una gran roca. Ressurt aquell de l'aigua i mata al traïdor. Naix l'arbre drago i plora sang vora el sepulcre. Hesperis, des d'un cap de penya, pren tristíssim comiat de la terra que se n'entra i cau en fantasiós desvari. Alcides, al posar los peus en lo promontori, mata al gegant Anteu i, fent arma de son cadavre, empaita i fa perdre la mena de les harpies, gorgones i estimfàlides.

Mes ja, pels llamps i onades arrabassats, sortien
de Calpe els esgardissos i arrels a l'ample espai,
en daus cairuts i pannes que sa buidor omplien,
l'hermosa llum a veure que no vegeren mai.

5   I esgarrifats del caos, s'engorguen altra volta
damunt carreus que els feien ahir de fonament,
i els antres tenebrosos d'aquella mar revolta
retronen i s'escruixen al gran capgirament.

De les gentils Hespèrides lo tàlem s'aclofava;
10   llurs cims desarrelant-se, s'asseuen en les valls,
i en ahucs horrorosos i gemegor esclatava,

CANTO VIII.
THE SINKING

The waters command the heights, and the waves link forever the North
Sea and the South Sea, the West and the Mediterranean. Hercules
reaches the wall of Gades. Hesperis is lifted from his shoulders by Geryon,
who lets fall a great rock on him. Hercules re-emerges from the water and
slays the treacherous monster. The dragon tree appears, weeping tears of
blood by his tomb. Hesperis, high on a cliff, bids a grievous farewell to the
land that sinks before her eyes and collapses in mad delirium. Alcides, step-
ping onto the promontory, slays the giant Antaeus, and using his corpse
as a giant club, does away with Harpies, Gorgons and Stymphalian fowls.

The deep debris flung from Calp fills the wide
void, torn from below by dint of bolts and waves,
a riot of rugged blocks of stone and ice
that see, for the first time, the marvelous light of day.

5   And terrified by the chaos, they plunge again
onto the ashlars just yesterday their foundations,
and the tenebrous caverns of that rampant
sea now roar and crack to the great convulsion.

The noble Hesperides' chambers are swallowed down
10   to the depths; peaks, uprooted, plummet onto leas,
and horrible shrieks and moans come bellowing out,

com dona que en mal part llança els darrers badalls.

Als puigs obren sepulcre los plans que s'esbadellen,
donant per clots i balmes de mort bells esbufecs;
15   ciutats ja no s'hi enrunen, ni boscos s'hi escabellen;
d'un món en l'agonia mortal són los gemecs.

Lo minhocao enorme, que, jeia en ses entranyes,
en amples traus al veure-les obrir, amb gran furor
ne surt per entre runes de pobles i muntanyes,
20   i als monstres de les terres i de les mars fa por.

Altres amb ell l'abisme n'escup, que dins l'albeca
de l'arbre que s'aterra tenien aspre niu,
dragons, cerastes, àspids dels quals l'ullada asseca,
i boes grans que tenen l'anguilejar d'un riu.

25   I esclaten, com resclosa que es romp, les nuvolades,
i en fulgurants metèors i serps de foc los cels;
i sent cruixir a la càrrega d'onades sobre onades
l'Atlàntida, com feixos de canyes, ses arrels.

I damunt seu, terribles com mai descarregant-se,
30   son front i pits calciguen les ires de l'Etern,
mentre en sos peus de roca, com rats-penats penjant-se,
cap al bell fons l'estiren los genis de l'Avern.

Pels cims dels puigs i cingles, com braus sense barrera,
s'empenyen les zumzades del fort Mediterrà,
35   a tombs amb altres cingles i puigs, que en sa carrera
fan rodolar a empentes, sens dir-los: «Feu's-e enllà.»

Aixís, del torb en ales, les mars del pol se baten
amb les ciutats i serres de glaç, illes i mons,
i trossejats i a timbes ençà i enllà els rebaten,
40   seguits d'estols de feres i naus a tomballons.

as in childbirth gone wrong the chilling screams.

The yawning plains open sepulcher to summits,
great gasps of death arise from caves and hollows;
15   not mere woodlands splintered nor cities in rubble—
no less than a world groaning in its death throes.

Lurking in its bowels, the enormous Minhocão
sees slits now growing wide and bursts in fury
through openings in the ruins of towns and mountains,
20   striking fear in monsters of land and sea.

There are others, too, spewed out by the abyss,
their rude nests deep in sapwood of toppled trees:
dragons and vipers whose gaze brings death in an instant,
huge boas that rival rivers snaking to seas.

25   The skies are glowing meteors and fiery serpents,
where, dams about to burst, thick cloud-pack breaks;
Atlantis hears its roots crack under the burden
of wave on crushing wave like bundles of cane.

Above, the terrible wrath of the Eternal
30   comes pounding on Atlantis' brow and breast,
while clinging to her rocky feet like bats, infernal
demons from Avernus drag her to the depths.

The battering Mediterranean, swell after swell,
like bulls unfenced, bids summits and high cliffs go
35   tumbling, which collide and careen with others as well,
not a one bothering to shout, "Look out below!"

And so, on wings of whirlwinds, the Polar Seas
lay siege to cities and sierras of ice, worlds and isles,
on all sides hurling wreckage and debris,
40   with hordes of beasts and ships all plummeting behind.

D'eix mar al bram titànic, en son llit rogallosa,
part dellà de l'Atlàntida, respon la de ponent;
i de turons per rompre la colossal resclosa,
rodants muntanyes d'aigua rebat de cent en cent.

45 Desfent-se el mur de pedra, de soca-rel tremola,
com faig, rei de la selva, de destral fèrrea als pics;
amb aspre terratrèmol qualque merlet rossola,
mentre enrunant-se cruixen sos fonaments antics.

S'aterra i l'enderroc, en ales de les fúries,
50 amb la maror va a rebre les ones de llevant,
arreu arreu, les planes rublint i les boscúries,
arreu arreu, com arbres los puigs arrabassant.

Toparen-se; amb llurs aigües llurs aigües barrejaren,
i amb llamps per lluminàries i d'aire, terra e infern,
55 al tro i terrabastall per música, es lligaren
entre surantes selves e illots en llaç etern.

Quan l'univers Déu trenque, així es veuran sos trossos
passar, entre despulles, horror i solitud,
lo sol caduc, a palpes, buscant sos cabells rossos,
60 i la Mort, de ses víctimes trucant a l'ataüt.

Mes del bruit destriant-se de l'Àngel la paraula,
atia a sa gran víctima més fúries i llampecs:
—Pujau del nord; baixau-ne del sud; tempestejau-la;
feres, aquí, preneu-vos-en los trossos a mossecs!—

65 I amb lo fuet flamíger de sa rogenca espasa,
los percudeix i aquissa, cada guspira un llamp;
i el regne que se n'entra, la vila que s'abrasa,
fan amb la mar, los núvols, i cel i terra un bram.

Tan sols del cor d'Alcides les ales no decauen;
70 nedant s'adreça a espatlles de l'ona amb gran esforç,

To the titanic roar of this sea there replies
the Western Sea beyond Atlantis, raucous in its bed,
and to break the colossal dam of peaks sky-high,
sends watery mountains rolling by the hundreds.

45   To the depths, the caving wall of rock trembles,
like the beech, king of woodlands, at blows of the axe;
merlons, at the quake's terrible onslaught, crumble:
a rumbling ruin, the ancient foundations collapse.

The wall falls, and the rubble, on wings of the Furies,
50   speeds with the tide to meet the waves from the East,
everywhere entombing the plains and forests,
everywhere leveling peaks as though they were trees.

Their waters mix and mingle as seas collide,
with wailing of thunder, air, terra and nether
55   for music, and flashing bolts for festival lights:
amid flotsam and holm the seas are joined forever.

The day God topples the universe, there
its chunks will pass by in horrid remains;
the sun, a bygone, groping for its bright hair,
60   and Death, knocking at caskets of no escape.

And now the word of the Angel above the din
stirs against his grand victim more Furies and bolts:
"Strike to the North, strike to the South, rage against him;
come forth, you beasts, and feed and feast on the orts!"

65   He nettles and urges them on while the heavens churn
to the blazing lash of his fiery sword;
with sea, clouds, skies and earth, each town that burns,
each reign that sinks, lets out a wrenching roar.

Only in Alcides do his heart's wings hold strong;
70   still swimming, he finds the back of a great wave,

i obira unes ciclòpees muralles que l'atrauen,
com un cant de sirena que el crida a un llit de flors.

Era el teu front, oh Gades gentil, filla de l'ona,
gavina que en un calze de lliri feres niu,
75   palau de vori i nacre que el sol de maig corona;
li sembla a l'hèroe, al veure't, que un cel d'amors li riu.

Mentre ells, endarrerint-se, glopegen l'aigua amarga,
amb embranzida rema, de cara a l'aspre mur,
i es penja a una palmera que Gerió li allarga
80   entre els merlets de rònega torratxa, amb braç segur.

Per dar primer a Hesperis socors, a l'arrapar-s'hi,
del dors atlètic d'Hèrcules la pren, i a reculons,
al veure-la tan bella, fogós per abraçar-s'hi,
deixa esmunyir l'antena, que roda amb l'hèroe al fons.

85   Per dar-li en lo sepulcre del mar immensa llosa,
un gros penyal fa caure-hi que estava primparat,
muntanya sens rabasses, que, en terra ja fent nosa,
d'esquitxs i bruit dins l'aigua remou la tempestat.

Va encara pels abismes tombant rodoladissa,
90   quan Gerió, allunyant-se'n, a Hesperis gira els ulls,
i en sa il·lusió, com rosa de bosc esfulladissa,
li besa els polsos que ornen com marc sedosos rulls.

Però la mar, obrint-se de colp, bromerejava
més enllà, un front eixint-ne i espatlles de gegant,
95   i com llamp, rebatuda per fèrrea mà, una clava
volà a aterrar al monstre, pels aires foguejant.

Tu sola, hermosa Gades, tu sola te'n dolgueres;
naix de ton pit un *drago* plorós vora aquell fang,
i amb son fullam d'espasa verd cobricel li feres,
100   que l'arruixà molts segles amb llàgrimes de sang.

and spots the cyclopean walls that drive him on,
like a siren's song that leads the flower-strewn way.

It was your brow, noble Gades, daughter of waters,
seagull that took a lily's calyx for nest,
75   palace of ivory and nacre May crowns with laurels;
to the hero you now show love's shine celestial.

While the siblings, falling behind, gulp the bitter
waters, the hero paddles on with mighty strokes
to the rugged wall, where from a ragged turret
80   Geryon lowers a palm for him to take hold.

Then, coming first to the aid of Hesperis, he snatches
her from Hercules' broad shoulders, and sardonic,
eager to embrace so beautiful a catch,
lets go the tree that plummets—the hero on it.

85   And for huge gravestone on the Greek's sea tomb,
he heaves a great rock teetering on the rim:
now ridden of its perch, this mountain sans roots
wreaks stormy havoc plunging in the drink.

Geryon, the rock still sinking to the depths,
90   steps back and turns to Hesperis his greedy gaze,
to him a wild rose of petal most delicate,
and plants a kiss on her brow of soft-curled frame.

But suddenly the sea opens, and from a distant mist,
emerge a giant's brow and arms, and like a bolt
95   hurled by an iron hand, a club flew blistering
through the air and the monster collapsed at the blow.

You alone, lovely Gades, you alone would mourn;
you raised for him a canopy of green:
the weeping dragon tree, from your breast born,
100   blood-watered through the ages with sword-like leaves.

Ella a sa pàtria es gira d'un promontori al caire,
cercant-la en va del caos d'horrors en los rebulls;
tot l'hi prengué el sepulcre on baixarà ans de gaire,
puix ja, ressecs, ni poden llagrimejar sos ulls.

105   Al flamareig girada de sa Sodoma encesa,
de Lot sembla l'esposa, tornada bloc de sal;
desclou l'estàtua els llavis:—Ai!, llocs de ma infantesa,
no vos podré ja veure, ni als raigs d'eix trist fanal?

On ets, hort on collíem ahir roses i lliris?
110   On sou, mes flors, marcívoles Hespèrides, a on?
Mos braços erts vos cerquen amb febre en mos deliris,
i a mon sanglot que us crida lo vostre no respon.

Sols ronques veus de monstre responen de vegades;
aquell de qui sou presa, per què em deixava a mi?
115   per ell, ai!, amb la saba del cor vos he alletades?
per ell entre agonies de mort vos infantí?

Ningú, com jo, infeliça! Los vinyaters podaren,
i el bou de mar verema; per dar-los llit molsós,
niaren les cigonyes, los magraners brostaren;
120   mes jo parí per peixe'ls mon fruit! Volgut espòs,

i tu, què has fet del carro flamant de tes victòries?
què has fet de l'àurea lira que el cel tenia pres?
Com neu que es fon, passaren ta anomenada i glòries,
i si una tomba et resta, sols l'ona sap on és.

125   Dels regnes que venceres, alguna nau rumbosa,
llaurant la mar que et colga, crescuda, ai!, amb mon plor,
amb la dent de ses àncores arrancarà la llosa,
perquè un marisc me robe la bresca de ton cor.

Jugarà amb les garlandes de nostre prometatge,
130   que jo estogí, l'escórpora que entre les roques viu;

From high on a promontory Hesperis turns
for one last view of her homeland, but the only sight
is boil and chaos; a vast tomb all that was hers,
while her eyes, completely dry, find no tears to cry.

105 She seems, looking back at her Sodom in flames,
the wife of Lot turned pillar of salt; she opens
her statue lips: "Oh my cherished childhood places,
nevermore to see you even by this sad lamp's glow?

"Where are you, garden, where we fetched lilies and roses?
110 Where are you my flowers, withered Hesperides mine?
I seek you with my rigid arms, comatose,
and my sobs calling out raise none in reply.

"Only harsh tongues of monsters reply at times;
why did he who preyed on you leave me be?
115 For him did my heart's sap nurse you untiring?
For him did I give you birth in deathlike agony?

"No one unhappy as me! Crabs now harvest the vines
pruned by wine growers, and take for mossy beds
the nests of storks and budding pomegranates, while I
120 gave birth to feed them my fruit! Oh husband beloved,

"what has become of your fiery chariot's victories?
And what has become of the gilded lyre that so
delighted the heavens? Like melted snow, your glories
are gone, and where lies your tomb, only the waves know.

125 "From your conquered kingdoms, some ship will come cutting
the seas that bury you—grown with my tears—and the teeth
of its anchors will lift the gravestone, and the honeycomb
of your heart by some shellfish be stolen from me.

"Our engagement garlands, that I put in safe care,
130 will bring play for a scorpion fish on the seabed;

i, horror!, en nostre tàlem flairós de nuviatge,
amb rinxos de mes filles tal volta farà niu.

I nostres fills, tan candis un temps? Oh estimadíssim!,
de llurs calcinats cossos les feres fugiran,
135   l'Atlàntic al gitar-los. Per què, per què oh Altíssim!,
no em féreu morta nàixer havent de patir tant?

Féreu les flors com calzes per beure-us-en la flaire;
los arbres, per servir-vos-en com de ventalls de flors;
l'aucell, perquè refile; perquè lo bresse, l'aire;
140   i a mi, com la mar fonda, m'omplíreu d'amargors.

Mes ja pel terratrèmol me sento obrir la testa,
mos ulls perden lo veure, mon cor, l'aletejar,
me du el gemec dels regnes que expiren la tempesta,
i, ai!, com xiprer aquí moro vetllant en llur fossar.—

145   Digué, i sols per no veure lo quadro funerari,
d'espatlles s'hi mig gira, i al terbolí i trontolls
rodant-li el seny en tèrbol, fantasiós desvari,
se'n va esvanida i sòpita per terra de genolls.

—Ai!, mos poncells veig caure del cel com una pluja,
150   donant-los per entrada son cràter fosc l'infern,
com rep la mola rústega lo blat de la tremuja,
on los atia el llamp de l'anatema etern.

Mes filles, i vosaltres? Jo us prometia imperis
i ceptres, i vos dono set palms de mar tan sols!…
155   De tres caps, ai, lo monstre! Fugim!… Ta dolça Hesperis
só, que truco a ta fossa. Mon Atlas, ai! m'hi vols?—

Roncs himnes mortuoris murmura al lluny l'onada
amb la maror, rufaques i trons en desacord;
i a un tany de taronger sa lira d'or penjada,
160   exhala sa enyorança, com ella, en ais de mort.

and that fish—how dreadful!—with my daughters' hair
will make its nest in our fragrant wedding bed.

"And our sons, once so innocent? Oh, my love!
When spewed out by the Atlantic, beasts will fly
135   from their charred bodies. Oh why, One that reigns above,
could I, so fated to suffer, not at birth have died?

"You fashioned flowers like goblets to drink their perfumes;
trees, to serve You as great blossoming fans; birds,
to give song; air, to lift them and their tunes;
140   and me, like the sea, you filled with all things bitter.

"But now my head splits with the quaking earth, forlorn,
my eyes lose their sight, my heart its pulsing, and the plaints
of dying kingdoms carry to me on the storm;
here I die like a cypress watching over their graves."

145   So spoke Hesperis, and having witnessed enough,
half-turning from the funereal scene,
whirlwinds and rumbling, her head spinning in muddled
mad delirium, she drops, drained and spent, to her knees.

"What horror to see my sons falling like the rain,
150   the dark crater of Hades opening below,
as from the hopper the crude grindstone greets the grain,
in torment by the fire-bolt of endless woe.

"And what of you, my daughters? I promised you scepters
and empires, but give you seven handfuls of sea!
155   But now let us fly from the three-headed monster!
Dear Atlas, I call at your grave. Will you have me?"

The waves utter gruff funeral hymns in the distance,
jarring with surging swells, blasting winds and thunderclaps;
and her lyre, from a branch amid the dissonance,
160   from longing, like Hesperis, gives heart-struck gasps.

Però la Mort sa dalla no branda, no, per ella;
ans, desviant-li els ulls de l'espectacle fer,
amb un bec de ses ales acluca sa parpella,
perquè dels fills no veja l'esgarrifós xafer.

165   Dintre el rebull Alcides esquitlla, entre zumzades
anantes i vinentes, esgalabrat i xop;
i rebent en cada illa i escull ensopegades,
del sauló de la vora muscleja més a prop.

L'hi esperen amb los númides harpies i amazones,
170   feram que foragita de l'Àfrica el desert;
vindrien a donar-li, potser, enhorabones,
per haver de cadenes deixat lo mar llibert?

Tan bon punt vers Hesperis li veuen pendre terra,
com llagostada cauen d'Alcides al damunt,
175   darrere Anteu, que els mena, semblant a un cap de serra
que rode empès pels braços de foc del simoün.

Mes, com pel llamp ferida, tota Àfrica s'assombra
quan l'hèroe a son guiatge titànic escomet;
la voliaina és última que fuig davant sa escombra,
180   l'escombra que de monstres lo món deixava net.

Tres voltes a ses plantes d'un colp Anteu rodola,
del fang sempre aixecant-se amb renadiu delit;
quan l'altre amb fèrrea grapa l'estreny i l'enarbola,
fent-li cruixir com llenya los ossos dintre el pit.

185   Lo llança, i reprenent-lo pels peus, infernal maça,
lo rabassut cadavre fueteja sos vassalls;
com lo foc que esperona los núvols, per on passa,
de fera, d'home i d'arbre sols queden esborralls.

Prou tiren-li ruixades de dards les amazones,
190   de closques de tortuga marina fent escut;

But Death does not raise his scythe against her;
rather, diverting her eyes from the horrorscape,
with a brush of his wing shuts her eyelids to spare her
from the blood-curdling sight of her children's fate.

165   Alcides slips through the broil, the waves crashing
everywhere round him, and every isle and reef,
the hero drenched and dazed, would thwart and dash him
as he labors and muscles his way to the beach.

Awaiting him there out of African deserts
170   are wild Numidians, Amazons and Harpies;
might they have gathered to pay him their debt,
the sea free of its chains, in gratitude most hearty?

No sooner do they see him head straight for the queen
than they fall on Alcides like locusts in swarms,
175   led by Antaeus, like a high peak careening,
impelled by the Simoom and its fiery arms.

But then, as if struck by a bolt, all Africa wonders
at the hero tackling the titanic commander;
this rabble the latest dispersed by his duster,
180   duster that swept from the world many a monster.

Three times Antaeus falls at his feet from the blow,
but always arising with sinew renewed;
then Hercules lifts him up with an iron hold,
cracking the bones in his chest like legumes.

185   He tosses him up, and caught by the feet,
infernal mace, the stocky cadaver bludgeons
its own ranks; like fire to smoke, of men, beasts
and trees in its path there remain only smidgens.

For all the showers of arrows shot by the Amazons,
190   from behind their sea-turtle shells for shields;

prou de ses dents i braços fan arma les gorgones,
i de sos ulls, que tornen de pedra a tot vençut.

Mes totes cabussaren al mar esparverades,
com grues que arrabassa de terra un mal hivern;
195   i en ella, estabornides a colps i alatrencades,
harpies i estimfàlides fugiren a l'infern.

for all the lethal teeth and arms of the Gorgons,
whose victims turn to stone by the gaze they wield:

For all that, they all leapt into the sea in fright,
like cranes plucked away by a harsh winter; and dazed
195   by the blows and their wings a sorry sight,
Harpies and Stymphalian fowls sped off to Hades.

Mig batuts per la maror, los atlants s'enfilen a una serra no somo-
guda encara per les ones. Desesperant d'arribar a Gades, proven,
per fugir del diluvi, d'escalar lo cel. Quan n'està a tres dits, la torre, feta
d'esculls i trossos de muntanya, se'ls aterra, i amb horrible imprecació
rebaten contra Déu los bocins de l'enderrocat edifici. L'Exterminador atia
contra ells los elements, i amb sa tallanta espasa acaba d'obrir l'abisme
de l'Atlàntic en la terra. S'hi enfonsen los titans, i de llur sepulcre brota el
volcà de Tenerif. L'Àngel embeina son glavi de foc i remunta als núvols,
despedint-se dels altres continents fins al dia del Judici. Allà d'alt s'ou
un càntic de glòria a l'Altíssim. L'Àngel de l'Atlàntida, tornant-se'n al
cel, dóna a l'Àngel d'Espanya, que en davalla, la corona de la que fou
reina dels mons. La veu de Teide. Los terratrèmols de les illes atlàntiques.

Oidà!, que anit vos sobra, taurons i aufranys, carnatge,
i encara us posa a taula l'Atlàntida els seus fills,
que debateguen aigües ençà, llur crit salvatge
lligant-se en cor feréstec del mar amb los renills.

5   Los atlants a la inflada maror se somorgollen,
tan prompte com ressurten en bàquic reguitzell;
i ja avant, ja a recules i a tombs, uns s'agrumollen

CANTO IX.

THE TOWER OF THE TITANS

Half drowned by the rough seas, the Atlanteans climb up a mountain range not yet submerged by the waves. Unable to reach Gades, they attempt to flee the deluge by scaling the sky. Just inches away from the top, the tower, built of reef and scraps of mountain, plummets to the earth, and with horrible oaths, they hurl pieces of the broken tower at God. The Exterminator responds by turning the elements against them, and with his sharp-edged sword opens in the earth the abyss of the Atlantic. The Titans tumble inside, and from their grave arises the volcano of Tenerife. The Angel sheathes his blade and ascends to the clouds, bidding farewell to the other continents until Judgment Day. From the heavens is heard singing in glory of the Almighty. The Angel of Atlantis, on his way back up to heaven, gives to the Angel of Spain, descending to earth, the crown of the former queen of worlds. The voice of Teide. Earthquakes of the Atlantic islands.

Look! You sharks and vultures, what a copious table,
and were it not enough, Atlantis brings her sons
to your feast; even now they gasp and grapple
on the waves, their cries coupled with fierce sea-song.

5   Atlanteans are pulled down by the swelling sea,
only to emerge again in Bacchic parade;
now forward, now backward, and tumbling in heaps

amb altres, armes, feres i troncs en gran cabdell.

Com el Mar Roig les ones en mur arrastellades
10 damunt Moisès, al rompre's a l'aspra veu del tro,
en esgavell rodaren al fons esllavissades,
dant fossa al riu de llances i gent de Faraó;

aixís corsers i carros, ballestes i corones
rodaren amb escumes i pols en terbolí;
15 tot vivent demanava socors, i entre les ones
responien los negres cetacis:—Som aquí.—

Si, com tritons llotosos, de l'aigua poden traure
lo cap, aguaiten lluscos si l'hèroe enlloc se veu;
i creuen, no obirant-lo, que en lo pregon deu jaure,
20 i amb tal que ell mòria, perdre la vida no els sap greu.

Llur ciutat, com una atxa, flameja que flameja;
apar veure una mare condemnada a fer llum
amb son ossam de torres, que ja l'abís colleja,
als fills, que també llancen de condemnat ferum.

25 A sa claror, s'arrapen a un esquenall de serra,
que encara al gran diluvi la testa no ajupí;
i el fang de ses parpelles traient, saltar en terra
al de Beòcia obiren d'Espanya en lo jardí.

Desesperant ferotges de beure la sang seva,
30 quan ja embriacs de ràbia la tenen a mig coll,
contra la mà de Déu, que a llurs unglots lo lleva,
de llur cor lleig esclata la verinada a doll.

I agafen, au!, troncs i arbres que al cru rocam s'estellen,
penyals, que s'engrunaren tombant al damunt seu;
35 i amunt, timberes sobre timberes arrastellen,
segurs amb tal escala de cabussar a Déu.

with arms, beasts and trees in one great cockade.

Like the waters of the Red Sea in towering walls
10   above Moses, once broken by the deafening thunder,
came plummeting in crashing avalanche, all
Pharaoh's river of arms and men sepulchered under;

so too were steeds and chariots, crossbows and crowns
all swallowed in the seething, whirling maelstrom;
15   everything living screamed for help, while deep down,
dark creatures enjoined: "Down here!" in response.

If, like muck-clad Tritons, any of their heads pop
to the surface, they peer half-blind to spot the hero;
not seeing him, they think him entombed at the bottom,
20   and taking him as done for, they gladly give up the ghost.

Their city blazes like a torch, and seems a mother
condemned to light the way—as the abyss beckons
its fire-fuelling bone-frame of towers asunder—
for her children, they too with stench of the condemned.

25   By its light, they grab onto a ridge of the range
that has yet to bow to the sweeping deluge;
and wiping the mud from their eyelids they locate
the Boeotian who seeks Spain's garden as refuge.

So drunk with rage they can taste in their maws,
30   ferociously desperate to drink his blood,
against God's hand that snatches him from their claws,
out from their wretched hearts the venom floods.

Now they seize trees that split on the bare rock,
and crumbling outcrops that drop from above;
35   and certain with this stairway to bring down God,
upward they pile bluff on vertiginous bluff.

D'una estrebada arramben ciclòpics edificis,
ossades de balena, conreus i pedregams;
on jeia una muntanya ja hi baden precipicis,
40   ses crestes d'una a una llevant-li i sos rocams.

Si en lo refluix ensenya cap bosc ses cabelleres,
garfint-les-hi l'arranquen, i penjat com raïm,
amb ses afraus pels aires, ses balmes, rius i feres,
a asseure'l damunt d'altres l'envien cap al cim.

45   Ja els Pirineus i l'Atlas brancut són una serra,
a espatlles l'un de l'altre, turó sobre turó;
i Abila i Calpe, esberles d'Atlàntida i desferra,
de tros en tros, hi colquen encara amb confusió.

I ells dalt, los uns als altres al dors acimbellant-se,
50   olmedes, puigs i núvols amunt escalonant,
i a l'estrellada cúpula dels astres acostant-se,
per amarrar-s'hi aixequen los braços de gegant.

Ira de Déu!, que dorms? Oh no!, que a ta rufaca,
sa càrrega, la torre d'arrels de ferre esbat;
55   com sacudeix la seva de fruits i fullaraca
l'alzina que l'espurna del cel ha corsecat.

S'aterra el castell d'homes, del puig de puigs que alçaren
amb los blocs, en horrible cascada a cabussons;
de cel amunt a terra, de terra a mar tombaren,
60   de muntanya en muntanya capgirellant al fons.

Dintre el pou de l'abisme pregon tot despenyant-se,
s'escabellen i afonyen los fronts pel llamp ferits,
i a tall de nuadisses serpents entrelligant-se,
se claven verinosos queixals i unglosos dits.

65   Fins l'ànima, en ses ires, arrabassat s'haurien,
ells amb ells esberlant-se lo front a colps de peu,

They tug and yank and drag cyclopean edifice,
skeletons of whales and harvests and heaps of stone;
where a mountain was laid low now gape sheer cliffs,
40   ridges and peaks all dislodged one by one.

If in the ebb and swell some forest shows its eaves,
they grip and wrench it out, and like a cluster
of grapes, with dangling gorges, caves, streams and beasts,
they send it to the summit atop the others.

45   The Pyrenees and the Atlas are now one range
far-flung, back-to-back, mountain saddling mountain;
and Abila and Calp, tall ruin and remains,
now preside piecemeal amid the commotion.

And the lofty Atlanteans continue their climb,
50   shouldering each other up elms, pinnacles and cloud-drift,
and approaching the heavenly spheres sublime,
their giant's arms for mooring, they upward lift.

Wrath of God! Do you sleep? No! Your blasting winds
shake loose the steely-rooted tower's load;
55   just like the scorching lightning bolt that sends
careering leaves and acorns from great oaks.

The Titans' castle falls, from the highest of high peaks
they raised in massive chunks, in terrible cataract,
plummeting from sky to earth, from earth to sea,
60   and pitch-to-pitch headlong into the crevasse.

Battering their heads struck by bolts, they tumble and roll,
and like serpents they coil and tangle and slither,
sinking into each other, deep in the hole,
their venom-filled teeth and their claw-like fingers.

65   They would have torn out one another's own souls,
were it not that dying before their hour might stay,

sinó perquè, abans d'hora, morint, apagarien
la tempestat que puja de llur sepulcre a Déu.

—On és?— satànics criden—, on és? per què s'amaga?
70 No té ja mort que mate, ni terra per colgà'ns;
si del llamp se refia, corsecador, no el traga,
que anam a arrabassar-l'hi, malhaja!, de ses mans.—

Escolta Déu, i atura lo foc que de la cima
davalla ja a fer cendra d'aquells tions d'infern,
75 mentre ells, a qui sols l'odi sacríleg reanima,
al mar demanen armes de mort contra l'Etern.

Com taups furgant ressurten del fons a quatre grapes,
i apilen los cadavres dels anegats a munts,
i agavellant-los d'arços i romeguera amb rapes,
80 als vius fan de passera los enarcats difunts.

Los baobabs que troben, al pendre terra, amb fúria
romputs, al cel voleien amb la marjada, a on,
com a cepats, musclosos gegants d'altra centúria,
retreien a les serres los jorns primers del món.

85 Alguna de llurs dones que els va amb l'infant darrere:
—Què feu?—esgarrifada los crida—, doncs què feu?—
Ells garfeixen son flonjo cabell, verds de quimera,
i al cel tirant-la,—Vola-hi—li diuen—, si ets de Déu.—

Barraques, naus, esberles de torre, hi voleiaren,
90 que en terra són muntanyes al caure, al mar illots;
recers en què les foques un jorn s'enterrossaren,
i agulles on penjaven llur niu los aligots.

Serrats, del regne fites, esculls i promontoris,
amb son alam pels aires fan de la terra uns llimbs;
95 volant, volant, empaiten los sòcols als cimboris,
i dels capgirats cingles davalla l'aigua als cims.

amid kicking and cracking each other's skulls,
the storm rising high up as God from their graves.

"Where and why does He hide?" they cry, demon-crazed.
70   No death, no tomb has He for us? Devil be damned!
If by His thunderbolt we are to be razed,
He wields it not. We'll wrench it from His hand!"

God hears, and halts the fires descending from the heights
that would turn these wicked embers of hell to ash;
75   while they, driven alone by abominable hate,
look to the sea for arms in their sacrilegious clash.

Like moles they come out from the deep on all fours,
piling up corpses of the drowned in great heaps,
that tied with foliage of bramble and hawthorn,
80   erect for the living a bridge of deceased.

The baobabs they find at landfall, torn out in fury,
fly with landscapes in the sky, where, once broad-shouldered
giants, they tell the sierras of bygone centuries,
and how things were in earlier days of the world.

85   Trailing behind with children, some of their wives
cry out in terror: "What are you doing?" They toss
them by their soft hair, green with anger, to the skies,
shouting: Fly! Fly high if you belong to God!"

Huts, ships and slabs of towers all soared through the heavens,
90   when dropping on land became mountains, islands when into the sea;
and would one day become for seals safe haven,
and needles where nests would be perched by eagles.

Cordilleras—kingdoms' boundaries—reefs and headlands,
all winging through the sky make earth a limbo;
95   from cliffs upside down waters cascade to highlands,
while high-soaring plinths give chase to their domes.

I els cims de les muntanyes topant amb ses rabasses,
i aqueixes amb los astres, del cel en lo pregon,
tornen a caure en pluja de crepitantes masses,
100 i apar desfer-se en runes, esllenegat, lo món.

En tant lo torb, muntant en ales de les fúries,
juga amb los pans de terra que el mar cent colps li ha pres;
i udolen tots, com llops al fons de les boscúries,
l'anyell, de què sentien ferum, quan ja no hi és.

105 Mes l'Àngel, atiant-los:—Què feu? Desarrelau-la;
de son tronc feu-ne estelles, tions de son brancam;
com herba que l'Altíssim ha maleït, cremau-la,
i aprés ventau la cendra d'infern que en deixe el llamp.—

Ouen, i el mar ses ones, sos focs lo cel atura;
110 sua sang la muntanya com un raïm premsat;
debatega amb sos golfos ferrissos la natura,
per amagar-se trèmula dintre l'abís badat.

Com riu que de l'Empiri baixàs de broma en broma,
cau una espasa borlada de llamps; i l'alt turó,
115 que no podrà somoure lo cel si s'hi desploma,
aidat dels vents, les aigües i el foc en explosió,

traboca's, amb sa càrrega, com un bressol de canyes,
i ample i golós badant-se, llaviejant maelstrom,
negrós aljub la terra los mostra en ses entranyes,
120 que fins a la més fonda mig s'esbadella i romp.

Esfereïts reculen; mes, oint ja a llur sobre
desbotar de l'Arcàngel lo turmentós alè,
capitombant rebaten-s'hi quan més ses barres obre
gojós l'abisme al veure's, d'una fornada, ple.

125 Ciutat, cinglera, Atlàntida i atlants d'una gorjada
devora, llot i escumes, balenes i aucellam,

Mountaintops and their foundations collide,
and these impact celestial spheres high above,
to then rain down again in crackling demise:
100   it seems a world in collapse has come undone.

Meanwhile, the whirlwind rising on the Furies' wings
frolics with chunks of earth snatched by the seas
a hundred times; howls rage, like wolves deep in woods
catching the scent of sheep nowhere to be seen.

105   But now the Angel spurs them on: "What now then?
Uproot and break this trunk into splinters, make embers
of its branches; like weeds the Almighty condemns,
burn it, then send on the winds the infernal ashes rendered."

They hear, and the sea halts its waves, the sky its fires;
110   the mountains sweat blood like grapes in the press;
nature pounds against its own hinges of iron,
trembling, and would seek retreat into the wide abyss.

Like a river from the Empyrean flowing down
from cloud to cloud, strikes a lightning-studded sword;
115   and the high tower, that the sky's assault alone
could not undo by blasting winds, flames and downpours,

is sent reeling by the stroke, as though a cradle
of reeds, and the mouthing maelstrom, huge and agape,
doom-dark cistern, shows deep in the earth's entrails,
120   where the pit of pits unclenches and devastates.

Terrified, they recoil; but hearing above them
the storming word of the Archangel unleashed,
they plunge just when the abyss, now seeing its gullet
about to be filled, bares its jaws for the feast.

125   City, cliffs, Atlantis and Atlanteans are devoured
at a gulp; whales and throngs of birds, muck and scud,

i en remolí terrible d'infern, la torrentada
de pobles i garrigues, vaixells i pedregam.

S'hi inferna regolfada la tempestat feixuga,
130   i el torb amb qui es batia per l'aigua a rebolcons;
si torna a obrir la boca lo monstre, el mar s'eixuga,
i sols hi haurà per dar-li los astres a crostons.

S'enforna l'arma, i torna lo xuclador un vesuvi
que a cada punt flameja i udola amb més rogall,
135   d'on puja arrasadora columna d'un diluvi
de foc, que runa i aigües no en són bon aturall.

Càstig gran!, amb llurs eines rogenques, rocs i grava,
llenya del Teide, pugen atlants a capgirells,
que copsa l'ample cràter, envolts amb rius de lava,
140   per més amunt rebatre'ls de flama amb grans cabdells.

Tremola tot realme veí, amb lligams de marbre
fermat al que se n'entra, prou té que tremolar;
Albion, Espanya, Líbia, com branques amb llur arbre,
ara abans ara a trossos cabussen a la mar.

145   Qui trencarà aquells braços amb què a llur coll s'aferra
«No em deixeu», com dient-los, «germanes del meu cor!»?
Poder diví!, s'enfonsen, romputs de serra en serra,
i d'aigua un bull sols resta, que minva, minva i… mor.

Llavors lo Geni embeina l'espasa abismadora.
150   Com donà el colp terrible, mon llavi no ho sap dir;
podria sols contar-ho sa veu retronadora,
que no oirà altra volta lo món fins a morir.

Mes vet aquí de l'Àfrica l'Europa desjunyida,
entre elles mentres colca les mars un mar major,
155   i esbrancada la terra, i en dues migpartida,
per nous volcans esbrava les flames de son cor.

and in a ghoulish whirlpool, a hell-scouring
stream of towns and vessels and scree and scrub.

The lumbering maelstrom recedes into the deep,
130   struggling and tumbling with whirlwinds through the waters;
if the monster opens its mouth again, the sea
will run dry, to feed it only morsels of stars.

The great gullet bores downward, its craw now a Vesuvius,
everywhere a flaming and howling raucous till
135   it spouts the ravaging column of a deluge of
fire, against which waters and rubble are no obstacle.

Crushing punishment! Atlanteans come gushing out
head-over-heels among their red-hot tools and stones,
firewood for Teide, snatched by the crater, lava all round,
140   only to be struck again by whipping fire-bolts.

All neighboring kingdoms tremble, as well they might,
held fast with marble bonds to the one pulled under;
Albion, Spain, Libya, like branches on a pine,
will plunge in pieces from one instant to another.

145   Who will sever the arms that grip their throats as if to say:
"Don't leave me, my loving sisters!"? Almighty Divine!
They sink, range by broken range, their only trace:
a fading boil in the waters—it stills, then dies.

The Genie then sheathed his abysmal sword.
150   How he wielded the awful blow my lips cannot say;
only his thundering voice could tell it, voice the world
shall not hear again until the Final Day.

Look now at Europe, disunited from Africa,
while between them there lifts a greater sea,
155   and the land, unbranched and cleaved into halves,
through new volcanoes fans the flames in its deep.

Quan l'hortelà veu l'aigua per la reguera córrer
que ha obert, s'atura, al mànec del càvec repenjat;
aixís l'Àngel espera que el puig més alt s'ensorre,
160 i estrep d'argent la lluna donant-li, ha al cel muntat.

D'allí amb recança es gira llampegador als altres
continents, «A reveure», cridant, «quan tornaré,
serà la mar que us colgue de flames per vosaltres;
temeu a Déu, que el dia dels grans judicis ve!»

165 En tant l'Empiri adolla sos himnes de victòria,
en sa ala harmoniosa bressant lo món suspès:
—Qui us assoleix? L'Atlàntida, gran Déu, puja a la glòria
per graons de muntanyes; tronau, i ja no hi és!

Tros de cel, al criar-la, la féreu ploure a terra,
170 perquè vostre designi tan alt s'hi beneís;
malagraïts serviren-se'n sos fills per moure-us guerra,
i amb ells i sa armamenta llançàreu-la a l'abís.

Tan sols per fer renàixer los que l'amor sospira
jardins de les Hespèrides, deixàreu-hi llavor;
175 una ona esborra l'altra, lo món al món capgira,
sols, astre d'altra esfera, la vostra llum no mor.—

Sirena que, d'entre ones eixint, engallardida,
s'enfila a un promontori d'amor a refilar,
i per son cant, que els aires emmela, ve amansida,
180 la mar amb salats llavis sos peus a apetonar,

Espanya, pel cor d'àngels cridada, s'esparpella,
i veu que es lliga un pèlag ignot a son cos nu.
—Qui relleva en ton cel l'estel caigut?—diu ella,
i als braços estrenyent-la, joiós respon-li:—Tu.—

185 Mes l'alba ja, a faldades sembrant perles i lliris,
com tendra mare, guia pel braç al sol naixent,

When the gardener sees furrows filling with water,
he leans on the handle of his hoe for a rest;
so too, as the tallest peak sinks, the Angel watches,
160   then, the moon for silvery stirrup, mounts to the heavens.

There, with heavy heart, in a flash of light he turns
to the other continents, "Farewell!" he cries.
"When I return, it is you the sea will inter.
Fear God: the Great Day of Judgment will arrive!"

165   Meanwhile, the Empyrean brims with hymns of victory,
cradling mid-air the world in wings of harmony:
"Who, O God, would scale mountains to your Glory?
You thunder—and Atlantis ceases to be!

"Offcut from heaven, You brought it wholesome rains
170   to reap the blessings of your glorious design;
thankless, your children took to waging war against
You, so You sank one and all and their devices.

"And yet, You sowed a seed to give new life
to those led by love: the Gardens of the Hesperides;
175   one wave makes way for another, the world overrides
the world; and Your celestial light alone never dies."

Siren who, emerging graceful from the waters,
makes her way up a headland to sing of love,
and a gentle sea kisses her feet with salty
180   lips, honeyed by the breeze her song of love:

Spain, summoned by a choir of angels, opens eyes
to an unknown sea by her naked body. "Who,"
she asks, "will replace the fallen star in your sky?"
Embracing her, the joyful sea replies, "You."

185   Now the dawn, sowing skirtfuls of pearls and lilies,
guides, tender mother, the rising sun by the arm,

i a son bes dolç, encesos i engarlandats de l'iris,
pels aires s'esbargeixen los núvols d'Occident.

Entre ells, bonics i rossos, dos angels s'ensopeguen;
190 plorós l'un puja, l'altre va rialler dret baix.
—Ai, dolor!, jo era l'Àngel dels regnes que s'aneguen!—
—Jo ho só—l'altre respon-li—del que en ses runes naix.—

—No mor per sempre? Fènix, reviu en llit de lava?
Sí, puix a Orient veig l'astre renàixer que aquí es pon.
195 Ve't aquí sa corona d'or fi, que me'n pujava:
del món quan sia reina, l'hi posaràs al front.—

L'hi dóna, i la volada reprèn, aixís dient-li,
tot sacudint la pols de ses ales de neu,
mentre aquell baixa a Hespèria, que s'alça, mig rient-li,
200 del respatller de serres florit del Pirineu.

Mes, ai!, on és l'Elíseu occidental?, d'Hesperis
lo tàlem, on nasqueren Hespèrides i atlants?,
la terra que amb sos braços lligava els hemisferis?
Tot fou, arreu, pastura d'abismes devorants.

205 I al món, dels que el bolcaven, ni sols petjada en resta;
l'Etern d'una ditada borrà sa multitud;
i el tro de llurs batalles, i el llamp de llur tempesta,
passaren, com les aigües d'un riu escorregut.

Fins la memòria els segles perdrien de llur fossa,
210 sinó pel Teide ignívom, que encara en parla al mar,
d'aquella nit que en feren plegats la gran destrossa;
i aqueix escolta i brama com si hi volgués tornar.

Oh!, no has sentit pels núvols rodar son aspre càntic,
com per ratllades timbes i penyalars lo tro,
215 quan, amb pulmons encesos, eix Geni de l'Atlàntic
als mons que naixen conta d'aquell la destrucció?

and, festooned with a bright rainbow, to her soft kisses
Western cloudscapes dance and play in the air.

Among these clouds, two handsome angels meet:
190   one tearful, climbs upward, the other smiling, downward sails.
"What sorrow! I the Angel of kingdoms sunken deep!"
"And I," the other replies, "of that born in the waste."

"Not dead? A Phoenix reborn from a bed of lava?
Yes, as in the East reborn the orb that sets in the West.
195   Her crown of finest gold I take to the heavens:
when Queen of the world, you shall place it on her head."

So said, he passes it on and resumes his flight,
shaking from his snowy wings the ash and dust,
while the other descends to Hesperia, now rising,
200   smiling from her flowering Pyrenean backrest.

But where is the Western Elysium? And where
Hesperis' nuptial bed, birthplace of her seed?
The land whose outstretched arms joined the hemispheres?
All is but pasture for the hell-pit's greed.

205   And of those who brought turmoil into the world,
not a footprint remains; the Almighty has erased them;
the thunder of their battles, the flashing bolts they hurled,
gone: to oblivion the billows have taken them.

The memory of their grave lost to the centuries,
210   but not for fire-spewing Teide, who still tells the main
of how that night they wrought the debacle together,
while the sea wails as if eager to do it again.

Have you not heard the clouds roll out their rugged chant,
as thunder echoes on cliffs and crags all scored,
215   when, his chest ablaze, the Genie of the Atlantic
recounts the fate of that world to worlds just born?

Li cau al dors de lava la immensa cabellera;
d'un glop de flames umple de gom a gom los cels;
com naus amb ell se gronxen les illes, i darrere
220   son roig plomall s'amaguen de por los vius estels.

Llavors, diu que a l'esbatre, com ses aglans un roure,
roques en brasa, entre elles, fets infernals tions,
titans pugen i baixen, i com caldera al coure,
mostrant-los se'ls engola de nou a tomballons.

225   I enujats, de vegades aquelles ossamentes
que del cadavre atlàntic gità l'abisme fart,
en terratrèmol rompen a rebolcons i empentes,
de l'Etern que els hi clava tot rosegant lo dard.

Les Canàries, Madera i Açores se somouen,
230   no podent ja als titànics esforços resistir;
ensems, com trons d'infern, ais soterranis s'hi ouen
i de ciclòpea farga lo fulgurant respir.

Llavors apar, l'horrible volcà, foguera d'ossos,
de carros i armadures, alçada pel fosser
235   damunt bolcades timbes i puigs, escala a trossos,
per on al cel muntaven los fills de Llucifer.

Down Teide's slopes his huge mane of lava flows;
with a spouting of flames he fills the skies;
islands all round him bob and sway like paquebots,
220   and behind his hot plumes bright stars hide from fright.

Then, they say, when shaken, like acorns on an oak,
red-hot rocks, among them Titans, now infernal smolder,
rise and fall, and like a kettle on the stove,
Teide sends them lurching and gulps them down once more.

225   At times, enraged, the bundles of bones upheaved
by the abyss full up with the Atlantean carcass,
tumbling and bumping in the quake, break to pieces,
gnawing still on the Almighty's piercing dart.

The Canaries, Madeira and the Azores shudder,
230   flagging when faced by such titanic force;
while groans rise from below, like infernal thunder,
and blazing breath of a cyclopean forge.

The terrible volcano seems a bonfire of bones,
chariots and engines of war, that the tomb digger
235   shoveled on toppled cliffs: stairway come to woe,
raised to lift to heaven the sons of Lucifer.

CANT DESÈ.
LA NOVA HESPÈRIA

Digressió: lo savi religiós gira els ulls a sa pàtria. Somni d'Hesperis. Coneix la branca de taronger plantada per Hèrcules. Enyora la terra enfonsada. L'hort de les taronges d'or renaix en Espanya. Les set Hespèrides convertides en estels. Lo cant del cisne. Hèsper. Los fills d'Hèrcules i d'Hesperis. La regina destronada. Galícia i la torre d'Hèrcules de la Corunya. Elcano. Lusitània. Sagunto. Balada de Mallorca. Fundació de Barcelona. La veu del Tàber. Hispalis. Lo Déu desconegut i son temple en Gades. Hèrcules posa per fites a la terra les columnes del Non plus ultra.

Com viatger al cim d'una pujada
d'on obira sa terra somiada,
aquí el bon vell sospira de dolçor;
i veent-la verdejar hermosa i bella,
5   passeja els ulls, enamorat, per ella,
rejovenit, sentint volar-hi el cor.

Colom mira l'Atlàntic sense mida,
com si hi sentís alguna veu que el crida,
com si, de genis, monstres i gegants
10   entremig dels fantasmes vagarosos,
obiràs d'una verge els ulls verdosos,
verdosos com les ones i amargants.

CANTO X.

THE NEW HESPERIA

*D*igression: *The holy sage turns his gaze toward his homeland. Dream of Hesperis. She recognizes the orange branch planted by Hercules, and longs for her sunken land. The garden of the golden orange trees is reborn in Spain. The seven Hesperides turn into stars. Swan song. Hesperus. The children of Hercules and Hesperis. The queen dethroned. Galicia and the Tower of Hercules at A Coruña. Elcano. Lusitania. Sagunto. The Ballad of Mallorca. Founding of Barcelona. The voice of Tabor. Hispalis. The unknown God and temple at Gades. Marking the limits of the earth, Hercules raises the columns of Non plus ultra.*

> Like a traveller high on a hilltop
> catching sight of his dreamt-of land far off,
> here the hermit lets go a sweet sigh;
> and seeing it so beautiful and so green,
> 5   he takes it all in with adoring eyes—
> young again, his heart now lifts at the scene.
>
> The broad Atlantic holds Columbus' gaze,
> as if some voice were calling out his way,
> as if among the blurry ghosts of genies,
> 10   giants and monsters, he could narrowly see
> a distant maiden with eyes that are green:
> green like the waves, and yet stricken with grief.

Mes l'en distrau del savi la veu forta,
que a Espanya la seva ànima s'emporta.
15   Deixa'ls volar, oh pàtria!, per ton cel;
ensenya'ls bé tes ribes i encontrades,
on de qui et féu se veuen les ditades,
com les de l'àurea abella en pa de mel.

De tan feixuga càrrega la terra enlleugerida,
20   a deixondar a Hesperis lo rei dels hèroes ve,
que, vora el promontori de Gades ensopida,
somia encara estrènyer les filles que no té.

I, aprés, enlaire veure-les pujar amb gran cantúria,
com blancs tudons que deixen llur niu en les heureres;
25   i al fer-se fonedissa pel cel la voladúria,
girar-se-li, i que hi vole signar-li rialleres.

—Ja vinc—, diu, i es desperta d'un altre espòs en braços;
coneix lo reboll tendre d'a on penjà la lira;
i al veure'l testimoni dels maternals abraços,
30   dels infantívols somnis i esbargiments, sospira.

—Oh cimeral de l'arbre—li diu—, que em veres néixer!
Del teu redós, oh!, fes-me'n plaer fins a morir;
jo et faré de mes llàgrimes amb la regada créixer,
i escoltaràs planyívol lo meu darrer sospir.

35   Mentre em recolzo sota ta verda cabellera,
amb renadiues fulles abriga mon cor nu,
que jo, esqueix trasplantat a platja forastera,
no sé, ai de mi!, arrelar-me, ni reflorir com tu.—

Creix l'arbre, i ans de gaire, de ses branquetes flonges,
40   a penjoiades, queia la pura i blanca flor,
i entre el verd groguejaren, a rams belles taronges,
com en cel d'esmaragdes ruixat d'estrelles d'or.

Now the powerful voice of the wise man
rouses him, whisking off his soul to Spain.
15   Let them fly, oh country! across your skies;
teach them all your countrysides and your shores,
where can be deciphered your Maker's signs,
like those of the bright bee on the honeycomb.

The earth now relieved of such burdensome load,
20   the king of heroes comes to wake Hesperis, where,
drowsy by the Gades headland, she longs to hold
once again her daughters no longer there.

Then, she sees them rise in the sky to a burst of song,
like doves that leave behind their nest in the hollow;
25   and disappearing in the heavens, the flock
turns and signals cheerfully for her to follow.

"I'm coming," she calls, and wakes in the arms of another
spouse; she marks the tender shoot from where the lyre
once hung; and seeing it witness to the love of a mother,
30   and childhood dreams and play, she lets go a sigh.

"Oh stem that was the tree that saw me born,
stand fast by me until the day I die;
the water from my tears will help you grow,
and you shall hear and mourn my final sigh.

35   "While I take rest below your greeny locks,
clothe my naked heart with your newborn growth,
as I, exile on a foreign beach, know not
how to take root, like you, and bloom once more."

The tree grows, and before long, from its delicate branches
40   there showered the snowy white blossoms in clusters,
and among the green there glimmered bright oranges in bunches,
like an emerald sky sprinkled with golden stars.

I prompte sa tanyada guarnia, amb grans boscúries,
verdós mantell a Espanya de tota flor brodat,
45   i amb los aucells, murmuris, aflaires i cantúries,
renaix, sens les Hespèrides, llur hort malaguanyat.

Bé prou que ho diuen elles, pujades a l'Empiri,
al fer-se cada brosta del taronger un maig;
com ulls del cel, per veure'l sortiren a lluir-hi,
50   a on ploren encara plegades a bell raig.

Les filles que d'Alcides tingué en Hespèria alegre,
gentils com ella, foren de dolç i tendre cor;
i com sos ulls tingueren i cabellera negra,
sa morenor de verge, que fa penar d'amor.

55   Mes ella sempre gira los ulls en sa enyorança
vers on plorant, com Eva, deixà son paradís;
i despenjant la lira de trista recordança,
fa, cisne d'altres aigües, son últim cant aixís:

—Terra feliç del Betis, bé n'ets d'hermosa i bella!,
60   mes ai!, la de mos pares mai la podré oblidar;
oh!, jo vull dir als tebis llebeigs que vénen d'ella,
si en un plec de ses ales voldrien-m'hi tornar.

Que hermoses sou, mes filles!, mes quan vos miro riure,
lo riure de les altres Hespèrides enyor;
65   i aquí, vora llur nàufrag bressol damnada a viure,
de fil a fil en llàgrimes me sento fondre el cor.

Só l'herba paratgívola del test arrabassada;
tinc marges, sol i sombra, poncelles i zefir;
mes, sens un bes de l'aire flairós que m'ha bressada,
70   què podré fer, digau-me, sinó plorar i morir?—

Morí; i de la despulla del cos sa ànima salva,
vers l'esbart de ses filles, les Plèiades, volà

And soon its offspring stretched far in great throngs,
green mantle for Spain, all blooming embroidery;
45   and brimming with birds, murmur, fragrance and song,
the longed-for garden is now reborn, sans Hesperides.

The Hesperides themselves will tell you as much,
high in the Empyrean, where like heaven's eyes,
they come shining out to see the tree's May buds,
50   and together, even now, will have a good cry.

Her daughters by Alcides in joyful Hesperia,
noble like her, were of good and tender heart;
and had their mother's eyes and jet-black hair,
and dusky hue to muster up love's spark.

55   But Hesperis always turns her teary gaze
toward where, like Eve, she left her paradise;
and taking down the lyre of long-lost days,
like a swan from distant waters, sings her final sighs:

"Happy land of Baetica, how beautiful you are!
60   But that of my mother and father I'll not forget;
I ask the warm southwest winds, that come so far,
if on their wings might they carry me there yet.

"How lovely you are, my daughters! But watching your mirth-light,
I long for the laugh of those no longer here;
65   and condemned to remain by their sunken birth-site,
I feel my own heart melt away in tears.

"I am the grass of another place, torn from the terrain;
I have hillocks, sunshine and shade, zephyr and buds;
but less the kiss of the fragrant breeze of my cradle,
70   what else can I do, tell me, but weep and succumb?"

She died; and from the mortal coil her soul is saved,
and toward her covey, the Pleiades, she advances,

dret als aurífics porxos endomassats de l'alba,
des d'a on, condolides, allarguen-li la mà.

75   Sanglotejant les altres aguaiten la coloma,
amunt, amunt, tan d'hora pujar-se'ls-en al cel;
aprés, a l'esboirar-se de llàgrimes la broma
que l'encortina, veuen parpellejar un estel.

És Hèsper, que a l'Aurora badar sol les parpelles
80   ans d'aclucar les seves son ull enlluernat;
i, al vespre, apar que sembre de voliors d'estrelles
lo cel, seguint lo ròssec del sol ja tramuntat.

Perquè diu l'hora, al pondre's, dels somnis i amoretes
en l'argentí hemisferi, quadrant del Criador,
85   i és de mirar dolcíssim, donaren-li els poetes
l'escaigut nom de Venus, deessa de l'amor.

Per l'ull serè d'un àngel la prenen les pastores,
mes los brillants que rosen llurs polsos al matí
diuen que són, Hesperis, les llàgrimes que plores,
90   tos ulls al despedir-se de l'espanyol jardí.

A sos fills i nissaga deixà'ns la dolça lira;
lo grec degué afegir-hi vibrantes cordes d'or;
puix quan canta les guerres, i quan d'amor sospira,
desvetlla encara els somnis o tempestats del cor.

95   Font que del cel adolles la música a la terra,
oh lira!, vessa encara tos càntics matinals;
escampa'ls com niuada d'aucells pel pla i la serra,
i canta-li a ma pàtria sos mai escrits annals.

Així com los plançons se semblen al vell roure,
100   al domador de monstres retiren los fills seus;
és fama que la terra llurs néts faran somoure,
com góndola al posar-hi son timoner los peus.

straight through the dawn's gilded damascened gateway;
there, her daughters, hearts moved, outstretch to her their hands.

75 Her other daughters break into sobs as they watch
their dove rise up in the sky, farther and farther,
leaving them so soon; then, as the curtaining batch
of tears lifts, they catch sight of a twinkling star.

It is Hesperus, who opens Aurora's lids before
80 shutting her own to the dazzling day; and each
evening, it seems, sows the skies with stars galore,
then trails the sun that dips behind the peaks.

And because she marks, when setting, the hour of dreams
and lovers in the glowing hemisphere, quadrant of
85 the Creator, and is such a delight to see,
poets have fitly named her Venus, goddess of love.

Shepherdesses take her for an angel's placid eye,
but the diamonds sprinkling their brows each day
that breaks anew, bespeak the tears you cry,
90 Hesperis, on leaving the garden that was Spain.

To her children and their line she left the gentle lyre,
its vibrant golden strings revived by the Greek;
when singing of war, or love's deep-felt sighs,
it ever awakens the heart's storms and dreams.

95 Fount by which music flows to the earth from heaven,
O lyre, let your songs of sunrise pour in rains;
like them, spread like the clutch that flies from the nest,
and sing my land's unsung story over peaks and plains.

Just as saplings resemble an ancient oak,
100 his children take after the tamer of monsters;
like the gondolier stepping onto the boat,
their issue's renown will set the world astir.

Un dia els deia, tendres minyons eren encara,
que, al saltar de la falda de Montjuïc al mar,
105 una ciutat bastir-hi jurà, que se'n parlara:
—Anem-hi!—tots responen—; vos hi venim a aidar.—

I vénen tots en rua, d'Alcides en seguici,
que s'obre pas entre arbres i roques com un riu;
quan, feta un mar de llàgrimes, cansada i amb desfici,
110 gentil minyona,—Plàcia-us oir ma cuita—els diu:

—Nadiua só dels marges que a l'eixamplar-se enyora
lo Minyo; fou lo trono dels avis mon bressol;
ell mon aurífic tàlem i mon sepulcre fóra,
uns caldeus a no traure-me'n, adoradors del sol.

115 Volien, per son ídol guiats, al seu darrere,
vers Occident, la terra voltar fins a sa fi;
topant en Finisterre del mar en la barrera,
al sol per fer-hi una ara, llançaren-me d'allí…—

Un bell esclat de llàgrimes clou a mig dir sos llavis;
120 mes s'atansa Galacte, li fa Luso costat:
—Te'l tornarem, ho juro, lo trono de tos avis,
o no meresc d'Alcides ser fill.—Pren trist comiat

d'aqueix, amb amorosa, dolcíssima abraçada,
i amb la plorosa estrella, que el guia a un cel d'amor,
125 se'n vola a Finisterre, com fletxa desparada,
del rei dels de Caldea per travessar lo cor.

Com arbre que en l'aubaga s'aterra, l'esternia,
i aixeca als núvols d'Hèrcules la torre damunt seu,
a on un far relleva de nits l'astre del dia,
130 vetllant aquelles terres i mars com l'ull de Déu.

Allí los dos guarniren, al bruit d'ones amigues,
son niu, on feren vida d'aparellats coloms.

One day he told them (they still young at the time),
that as he leapt from Montjuïc's lap into the sea,
105   he swore to build a far-famed city on that site.
"Let's be off!" they all put in. "We'll help you do the deed."

So Alcides' retinue follows in file, their path
like a river angling by boulders and trees;
suddenly, they meet a young woman spent and racked
110   from great grief, who begs them, "Hear my story, please.

"I was born on banks that the Miño's widening waves
recall with longing; my cradle was my forebears' throne;
and would have been my wedding bed and proper grave
had sun-bowing Chaldeans not seized what is rightly my own.

115   "Guided by their idol, they followed the sun West,
tracking the earth to its end; but finding their route
blocked by the sea's expanse at Finisterre,
they raised an altar to the sun and forced me out."

An outpour of tears puts a halt to her words,
120   but Gallaecio steps up, and Luso by his side:
"The throne of your forebears shall be returned,
I swear, or I'm not son of Alcides." He bids good-bye

to his father with a loving, tender embrace,
and guided to love's skies by the tearful star,
125   he flies to Finisterre at an arrow's pace
to pierce the king of the Chaldeans' heart.

He cut him down like a tree on a shady slope,
and raised the high Tower of Hercules on that spot
to cast its beam when the daystar sleeps, watching over
130   those lands and their seas as would the eye of God.

There the two set up their nest and arranged it
to the friendly drone of the nearby waves.

Galícia i la més forta de ses ciutats antigues
amb llurs conreus i ovelles han heretat llurs noms.

135   La mar on s'emmiralla Corunya, hermosa i fera,
veurà nàixer a Elcano, qui durà a fi arriscat
l'empresa de seguir lo sol en sa carrera,
puix li dirà la terra: «Primer tu m'has voltat.»

I Luso on se decanta? Duero el vegé i Guadiana
140   fer lliga amb homes d'aire guerrer i marinesc;
no es diu que un trono hi haja trobat o una fossana;
de Lusitània es parla tan sols, nada de fresc.

Davanter de sa colla minvada, el grec faldeja
les serres de Granada, com elles gegantí;
145   i per afraus i conques, cap a llevant, voreja
la mar a què les portes de Gibraltar obrí.

Vora el Palància, sota lo para-sol d'un arbre,
colltorç un d'ells, i creuen que dorm de cansament;
quan van a deixondar-lo lo troben fred com marbre,
150   veient de ses aixelles descargolar un serpent.

En lo frescal placèvol que amb sang Zacinto mulla,
humit amb sang de màrtirs, hi brotarà un palmar,
lo palmar de Sagunto, d'immusteïble fulla,
del qual a l'ombra a Espanya li plau llagrimejar.

155   Plorava també el pare, com cep quan li fa caure
la torta podadora son primerenc rebrot;
l'endemà, al destrenar-se lo sol, lo ve a distraure
un cant, que aigües endintre respon a son sanglot.

Si era cant de sirena, Mallorca, tu ho sabries,
160   si era cant d'alegroia sirena o era el teu;
però d'envers les platges vingué d'on tu somies
besada per les ones, com filla del cor seu.

Galicia and the strongest of her cities of ancient,
with harvests and flocks, inherited their names.

135   The sea that mirrors Corunha, wild and lovely,
would see the birth of Elcano, who would complete
the dangerous feat of tracking the sun's path above
the earth, that would say: "You first encircled me."

And what of Luso? Warriors and seafarers made
140   league with him, as seen by the Douro and Guadiana;
nothing is said of his finding a throne, or a grave;
there is told no more than of newborn Lusitania.

His band now smaller in number, the hero skirts
the sierras of Granada, he as gigantic as they;
145   by gorges and basins he makes his way eastward,
edging the sea to which he opened Gibraltar's gates.

On the banks of the Palancia, beneath a tree's arches,
overcome, they think, with fatigue, one of them drops off;
when they move to wake him, they find him cold as marble,
150   and a snake uncoiling from under his arms.

In the cool place now wet with the blood of Zacyntho,
there, in the blood of martyrs already steeped,
a palm grove will rise up, the palm grove of Sagunto,
by whose unwithering leaves Spain pleases to weep.

155   And Hercules wept too, like the vine when cut away
its early shoots; next day, as the sun unplaits
her morning tresses, a song comes to allay
his grief, carried by the waters in reply to his plaint.

If a siren's song, Mallorca, you will know;
160   whether a cheerful siren's or yours, it came
from out where you lie dreaming on distant shores:
their hearts' daughter, you are ever kissed by the waves.

BALADA DE MALLORCA

A la vora vora del mar on vigila
Montgó, els peus a l'aigua i als núvols lo front,
165 omplia una verge son cànter d'argila,
    mirant-se en la font.

Son peu de petxina rellisca en la molsa,
i a trossos lo cànter s'enfonsa rodant;
del plor que ella feia, la mar, que era dolça,
170   tornava amargant.

Puix l'aigua pouada cristall n'era i perles,
com gaires no en copsen los lliris d'olor;
no és molt si sospira, quan veu les esberles
    del canteret d'or!

175 La mar se'n dolia, les pren en sa falda,
i al maig, per plantar-hi, demana un roser;
València, a tes hortes, verdor d'esmeralda,
    i a ton cel, dosser.

Per bres la conquilla de Venus los dóna,
180 gronxada pel Zèfir de vespre i matí,
i els testos, que una alba de roses corona,
    ja són un jardí.

Amb flors de l'Aràbia l'enrama i perfuma;
i d'Àfrica amb palmes, d'Europa amb aucells,
185 alegra ses ribes, que es prenen d'escuma
    més amples cinyells.

Tres eren los testos, tres foren les illes;
i al veure-les ara volgudes pel sol,
les crida a sos braços la terra per filles,
190   i el mar se les vol.

THE BALLAD OF MALLORCA

Beside the sea where Montgó keeps watch,
his feet in the water and top in the clouds,
165   a maiden filling her pitcher of clay caught
                a glimpse of herself in the fount.

All of a sudden, her pearl-like foot falters
on the moss, and the pitcher breaks as it falls;
the tears she wept turned the sea, whose waters
170   at that time were fresh, salty.

The water she'd drawn being crystal and pearls,
like few ever dewy on fragrant lilies,
on seeing the pitcher now burst into shards,
                heavy was her grief.

175   The sea pities her and catches the pieces
in her lap, asking May for roses for planting;
Valencia, for your gardens of emerald green,
                and your sky for canopy.

For cradle she gives them the shell of Venus,
180   and crowned by a rose-filled dawn, the shards,
lulled by Zephyr morning and evening,
                now turn into gardens.

She gives flowers from Arabia to perfume and adorn,
and palm trees, too, transported from Africa,
185   and songbirds from Europe, to brighten their shores
                fit out in foam for broader sashes.

Three were the shards, three were the islands;
the land calls the daughters to his arms, but sees
how bathing out in the sunshine delights them,
190   for now they belong to the sea.

Atret pel cant melòdic, Baleu de vora el Túria
pren vela vers Mallorca, la terra dels foners.
Si en ve una pedregada darrere la cantúria,
d'un altre fill Alcides que plore el fat advers.

195   Mes polsa, dins la barca, les cordes d'una lira,
i los mandrons i fones s'esmunyen de llurs mans;
i oferint-li llurs braços de ferro per cadira,
vora un claper lo duen, sepulcre de gegants.

Com llurs superbes ombres per rebre'l desvetllades,
200   torregen dotze pedres dins un palmar florit,
entorn de l'ara immensa del sacrifici alçades;
soldats de roca, en cercle voltant son adalit.

Allà de flors i fulles d'alzina lo coronen,
teixint mítiques danses donzelles i minyons,
205   mentre els guerrers un càntic de benvinguda entonen,
fent-li present d'un ceptre de vori, a genollons.

Sardus, que amb ell venia vogant des de la riba,
vers sol ixent decanta la proa escumejant:
Sardenya, tes muntanyes, d'argent i d'or font viva,
210   son nom escrit amb lletres de nurags guardaran.

Reprèn la via Alcides, i dant a Barcelona
del mar lo ceptre, en braços l'asseu de Montjuïc,
gegant que en vetla sempre, mentre ella es mira en l'ona,
amb cent tronantes boques n'esquiva l'enemic.

215   Lo munt mateix bestrau-li penyals per sa muralla,
que a grans carreus arranquen amb maces i tascons;
si algun d'insuportable n'hi ha, també hi davalla,
arreu trinxant pollancres i tells a tomballons.

Per coronar eixa obra de cíclop gegantina,
220   de Barcelona al centre plantà un verger feliç,

Drawn from the banks of the Turia by the melodious song,
Baleu sets sail for Mallorca, land of sling-wielding warriors.
Alcides may soon weep the loss of another son
if after the song, a swarm of stones comes whirring.

195   But in the boat Baleu strums the strings of a lyre,
and their slings and stones now slip from their hands;
and offering him for chair their arms of iron,
they carry him to a *taula*, sepulcher of giants.

In a palm grove in bloom twelve stones all-towering
200   wake to greet him beside their magnificent shadows
rising round an immense sacrificial altar;
soldiers of rock by their commander holding close.

There they crown him with leaves of oak and blossoms,
while maids and lads weave mythic choreography,
205   and warriors intone a canticle of welcome,
and kneeling, gift him with a scepter of ivory.

Sardus, his brother, dipping his oars by the shore,
now turns his foam-flecked prow toward the rising sun;
Sardinia, rich are your mountains in silver and gold,
210   where in letters of nuraghi his name will live on.

Alcides takes up his road, and gives the sea's scepter
to Barcelona, laying her out in the arms of Montjuïc—
giant to always watch over her, her gaze seaward set,
a hundred thundering cannons to route her enemies.

215   The mountain itself supplies rock for her walls,
with maces and wedges wrenched out in great slabs;
should any cliff try to resist, it too falls,
poplars and lindens mown down in its path.

To crown this gigantic cyclopean work,
220   a lovely garden in the city's heart was laid,

sobre uns pilans, del Tàber al cim, on sa ruïna
du escrit al front encara lo nom de Paradís.

Diuen que allà, un capvespre de vent i de tempesta,
sentí la veu que en Calpe l'omplí de sant terror;
225   mes no ja com lo carro de tro rodant feresta,
sinó baixeta i dolça com un sospir d'amor.

—Jo só—diu-li—qui et duia pel braç, com infant tendre,
a esquarterar i rompre l'occidental Babel;
jo só qui amb la guspira del llamp la vaig encendre,
230   quan alçà, fent dels núvols escala, guerra al cel.

Jo só qui amb ses maresmes sos cims anivellava,
qui escambell de tes plantes féu monstres i titans,
qui fa mons i els esborra; lo que en tos dits la clava,
tal fores tu: la clava pesanta de mes mans.—

235   Ou l'hèroe, i dels dits l'arma veu esmunyir, i sens força,
sentí de fred sos ossos gelar-se i escruixir;
vell arbre que veu caure les branques i l'escorça
al bes del mateix aire que el feia un temps florir.

De ses gegantes gestes trencada la cadena,
240   aquell per qui la terra fou camp de sos esplets,
de tot, sense coneixe'l, fent-li agraïda ofrena,
jurà que el Déu de Túbal seria el de sos néts.

I ho fou; puix vora Gades bastiren-li un gran temple,
del qual entre les runes l'Atlàntic s'ha ajagut;
245   i allí, amb sa clava i cendres, guardaven son exemple
dessota l'ara santa del Déu desconegut.

Son retaule, esperant-lo, no mostra cap imatge;
mes, als raigs de la flama sagrada que mai mor,
los treballs se llegeixen de l'hèroe, en lo brancatge
250   carregat d'esmaragdes d'una olivera d'or.

on Tabor Hill, lifted on columns for berth,
and known by the name Paradise still today.

There, it is said, Hercules heard one stormy night
the voice that at Calp had struck him with fear;
225   only now it was no thundering chariot gone wild,
but was like a sigh of love, soft and dear.

"It is I," the voice confides, "who led you by the arm
like a child to break and crush the Babel of the West;
I, who set it ablaze with the lightning's spark,
230   as they raised a stair and would lay siege to heaven.

"It is I who leveled their peaks to low marshlands,
and made for you a footstool of monsters in the brine,
and I who builds or topples worlds; what in your hands
was club, so were you to me: the mighty club in mine."

235   So heard the hero, and softening, sees the weapon slip
from his fingers, and feels his bones shudder and freeze;
an old tree with branches now broken and split,
that once bloomed at the kiss of the same breeze.

The chain of his great and noble deeds now broken,
240   he for whom the earth was field for victories,
offered it all in thanks to the One by him unknown,
and swore faith in the God of Tubal for his progeny.

And so it went: near Gades was raised a great temple;
among its ruins the Atlantic has spread its bed;
245   and there, by his club and ashes, they honored his example
beneath the unknown God's altar holy and sacred.

His retable awaits him, showing no image; yet
by the glimmer of an undying pyre, Hercules'
labors appear there for all to be read,
250   among branches of emeralds in a golden olive tree.

Quan del cel l'Olivera floria en lo Calvari,
de genollons lo temple caigué davant son Déu,
que per altar volia la terra, i per sacrari,
ditxosa pàtria meva, volia lo cor teu.

255 I ans que ton Déu, oh Espanya!, t'arrancaran les serres,
que arrels hi té tan fondes com elles en lo món;
poden tos rius escorre's, venir al mar tes terres,
no l'ull, però, aclucar-s'hi del Sol que mai se pon.

Mes Hèrcules, tornant-se'n del Betis a les platges,
260 donà a la antiga Hispalis riquíssim fonament,
llorers i satalies per flonjos cortinatges,
i onades on se miren ses torres d'or i argent.

Allà a sos fills, d'un cèlic esdevenir penyora,
lo dur maneig ensenya de l'arma en lo combat,
265 com l'àliga a ses filles, envers lo sol que adora,
fa batre l'ala fèrrea que mou la tempestat.

Amb l'art humil de Ceres l'excelsa astronomia
renaix, tanys del gran arbre tallat en Occident;
i fou llavors quan, d'Atlas rellevador, un dia,
270 servà amb dors de muntanya lo pes del firmament.

I al sentir que xuclava la terra ja sos ossos,
de puigs i roques dues columnes aixecà;
i en elles, amb la clava que donà al mar, a trossos,
los maleïts realmes, escriu: NO MÉS ENLLÀ.

When the Olive of Heaven blossomed on Calvary,
the temple fell to its knees before its God,
who for altar took the earth, and for sacristy,
O happy country, your very own heart.

255 Your unwrenchable God, O Spain, will see your mountains
torn out first, whose roots are sunk as deep in the core;
and though your rivers run dry and your lands be drowned,
the eye of the never-setting Sun will shut no more.

Hercules, returning to Baetica's shores,
260 gives firm foundation to Hispalis of old;
for delicate curtains, laurels and musk roses,
and waters that mirror its towers of silver and gold.

There he instructs his sons, to ensure them a skysome
future: in combat, the fearless wielding of weapons;
265 like the eagle her daughters: soaring in a bright sun,
beats her sturdy wing that stirs up the tempest.

Along with the humble art of Ceres, is reborn
sublime astronomy: shoots of that magnificent
tree cut down in the West; and once for Atlas he bore
270 on his mountain of a back the weight of the firmament.

And feeling how the earth now summoned his bones,
he raised from peaks and slabs of rock two columns;
and with the club that drove the wicked realms below,
he wrote upon them: NO FURTHER BEYOND.

CONCLUSIÓ.
COLOM

A les paraules del solitari sent lo genovès nàixer un nou món en sa fantasia. Lo bon ancià li dóna ales amb ses avinentes raons. Oferiments de Colom a Gènova, Venècia i Portugal. Lo somni d'Isabel. De la vàlua de les joies de la reina, ell ne compra naus. Lo vell, des del promontori, lo veu volar a la més gran de les empreses i s'extasia davant l'esdevenidora grandesa de la pàtria.

Fineix als llavis del bon vell la història,
i, com dormint lo somni de la glòria,
l'inspirat mariner no li respon;
és que, envolt amb la boira del misteri,
5   amb celísties i llum d'altre hemisferi,
dintre sa pensa rodolava un món.

Darrere aqueixa Atlàntida enfonsada,
la verge de son cor ell ha obirada,
com, part dellà d'un pont, gentil ciutat;
10   com, darrere d'eix cel, cels més hermosos;
com, darrere eixos astres lluminosos,
lo tabernacle d'or de l'Increat.

De cara al sol, que es pon entre porprada
boirina, com fugint de sa mirada,

CONCLUSION.
COLUMBUS

A t *the words of the hermit the Genoese mariner feels a new world stirring his imagination. The old man's reasoning gives him wings. Columbus offers his service to Genoa, Venice and Portugal. Isabella's dream. With the queen's jewels he buys ships. The old man, looking out from the promontory, sees him sailing off on the greatest of all enterprises and is moved to ecstasy by the forthcoming greatness of his homeland.*

The story comes to an end on the old man's lips,
and, as if in dreams of glory fast asleep,
the rapt mariner makes no reply; a fog
of mystery seems to have enveloped him,
5   and by starlit skies of a new hemisphere,
a world turned sphere revolves within his thoughts.

Behind the sunken Atlantis he has caught
a glimpse of the maiden of his heart's call,
as though beyond a bridge, a noble city;
10   as though behind this sky, more lovely skies;
as though behind the heavenly shining lights,
the golden tabernacle of the Almighty.

Facing the sun, now setting in a purplish haze,
as if it wished to slip away from his gaze,

15   sembla haver-lo sorprès en son camí
    i cridar-li, fent ales de sos braços:
    «Espera'm, astre; tot seguint-te els passos,
    Fiat! vull dir al caos ponentí.»

    I en èxtasis exclama:—D'estelada
20   giravolta la terra coronada;
    demà veurem renàixer el sol ponent;
    si amb son carro de llum, que el cor enyora,
    no daura altre país fins a l'aurora,
    doncs què hi va a fer, digueu, a l'Occident?

25   La mar que a vostres peus dorm i somia,
    no us porta d'altres platges l'harmonia?
    L'aire no us du perfums del paradís,
    ni planyívols sospirs d'una sirena
    que busque d'altres braços la cadena,
30   morint d'amor son cor enyoradís?—

    Llavors lo savi, amb màgiques paraules,
    les veritats esbrina que, entre faules,
    en rònecs pergamins ha espigolat;
    a Plini i a Estrabó fa aurífics plagis,
35   retrau de nostre Sèneca els presagis,
    i els somnis i records de temps passat.

    Conta haver vist, de l'Occeà entre roques,
    de pins desconeguts superbes soques,
    i entre els esqueis de l'Illa de les Flors,
40   haver deixat l'onada riberenca
    dos cadavres de cara vermellenca,
    d'algun secret del mar reveladors.

    I abraçant-lo, afegeix:—Tu lligaries,
    gegant de les darreres profecies,
45   de la terra els extrems com d'un mantell?
    Missatger de l'Altíssim, vés; de l'ona,

15 he seems to have startled it along its path,
    and cried out to it with arms flung wide like wings:
    "Wait for me, bright orb; I come following in
    your steps to tell the western chaos, *Fiat!*"

    In ecstasy he cries: "A crown adorns
20 the spinning Earth with vault of flickering orbs;
    tomorrow shall see reborn the sun that sets;
    if the chariot for which the heart so longs
    shines not on other lands before the dawn,
    tell me: What is its mission in the West?

25 "The sea that sleeps and dreams there at your feet,
    does it not bring distant shores' melodies?
    Does the air not bring paradise's perfumes from afar,
    nor carry the sighs of a siren's complaint,
    who seeks to link with other arms in chain,
30 dying of love and longing in her heart?"

    And then the sage tells, in magical speech,
    of fables and timeworn parchments, and how he gleaned
    from them their truths; and then goes on to cite
    Pliny and Strabo and their glowing words,
35 and marks Seneca's insights peering forward,
    and dreams and memories of ages gone by.

    He tells of having found among the ocean's reefs
    great trunks of never-encountered pine trees;
    and having seen on Flores Island's coast,
40 washed up by waves among the crevices,
    the lifeless bodies of two red-faced men:
    a telltale secret of the seas exposed.

    And now embracing the mariner, he queries:
    "You would link, giant of recent prophesies,
45 as though manteaux the furthest ends of the Earth?
    Go forth, messenger of the One Most High;

qui per traure't a port un pal te dóna,
per traure-hi un món bé et donarà un vaixell.—

—Sí, me'l darà—respon-li—, i per haver-la,
50   dels palaus de Neptú la millor perla,
jo tornaré l'Atlàntic a pontar.
Desperta, humanitat, mira ta Eva,
que d'un tàlem de flors flairosa es lleva;
Adam dels continents, vés-la a abraçar.—

55   I com un astre empès per mà divina
a Gènova l'hermosa s'encamina,
de l'Eden de la terra a dur la clau;
mes ella, com galera desarbrada,
no gosa obrir ses ales a l'airada
60   que l'alçaria més amunt d'on cau.

Veent que li tanca Gènova la porta,
gira els ulls a Venècia, encara forta
per carregar a sa espatlla un continent;
mes, feta al terratrèmol de la guerra,
65   ou lo projecte d'eixamplar la terra
com paraules de llengua que no entén.

Ai!, de sos Duxs no és ja la mar esposa,
puix d'altra mà més pura i més hermosa
espera rebre el nupcial anell.
70   —A Ibèria torno—, el genovès exclama,
i entra en Lisboa quan n'eixia Gama
a Líbia a dar lo tomb, com a un vaixell.

A Joan segon oferta en fa il·lusòria,
que prova, ingrat, de pendre-li la glòria;
75   i veent-se en terra el mariner perdut,
dels seus somnis pel cel busca una estrella
i et veu a tu, Isabel la de Castella,
la reina de les reines que hi ha hagut.

the One whose spar fetched you from the brine
will surely find you a ship to fetch a world."

"Yes, He will," replies the mariner, "and to cull
50   that finest of all pearls from Neptune's halls,
I shall bridge the wide Atlantic once more.
Awake, humanity, your Eve awaits this hour,
rising fragrant from her wedding bed of flowers.
Embrace her, Adam of the continents. Go forth!"

55   And like an orb impelled by hand divine,
to graceful Genoa he turns his sights,
to bring for her the key to Earth's new Eden;
but she, like a galley stripped of oar and mast,
will not unfold her wings to winds that fast
60   would lift her higher than she ever dreamed.

Seeing that Genoa has shut him out,
he looks toward Venice, sufficiently stout
to bear a continent upon her back;
but reeling in the spoils of mighty war,
65   she hears of the plan to widen the world
as if in words she does not understand.

To her Doges the spouse is no longer the sea,
that now from lovelier hand would soon receive
the wedding ring she earnestly awaits.
70   "To Iberia I return," the Genoese asserts,
and he enters Lisbon as Da Gama departs,
sent out to navigate the Libyan terrain.

He seeks the favor of John the Second in vain,
thankless monarch who tries to pilfer his fame;
75   and searching the sky for the star of his dreams,
seeing how the land turns down his appeals,
he catches sight of you, Isabella of Castile,
reigning queen of all who have reigned as queens.

Tu sospesares, sola tu, sa pensa,
80 tu midares d'un colp sa ullada immensa,
i al teu prengué la flama de son front
quan a tes plantes deia:—Gran senyora,
dau-me, si us plau, navilis i a bona hora
los tornaré tot remolcant un món.—

SOMNI D'ISABEL

85 Ella es posa la mà als polsos,
com un àngel mig rient;
gira a Ferran sos ulls dolços
i així diu-li gentilment:

—A l'apuntar l'alba clara,
90 d'un colom he somiat;
ai!, mon cor somia encara
que era eix somni veritat.

Somiava que m'obria
la mora Alhambra son cor,
95 niu de perles i harmonia
penjat al cel de l'amor.

Part de fora, a voladúries
sospiraven les hurís,
dins l'harem oint cantúries
100 d'àngels purs del paradís.

Inspirant-me en eixos marbres,
jo et brodava un ric mantell,
quan he vist entre verds arbres
rossejar un bonic aucell.

105 Saltant, saltant per la molsa,
me donava el bon matí;

Only you took in and grasped his mind and mission,
80   and measured in a moment his enormous vision,
and took the flame from his brow as your own,
when at your feet he spoke: "O Gracious Lady,
entrust me with your finest ships, I pray thee;
I shall return them with a world in tow."

ISABELLA'S DREAM

85   As though an angel smiling softly,
Isabella raises a hand
to her brow, then turning her lovely
eyes, speaks gently to Ferdinand.

"This morning at the break of dawn,
90   a dove came to me in a dream;
and now although the dream is gone,
my heart tells me that it was real.

"I dreamed the gates of the Alhambra
opened to me its Moorish havens,
95   that nest of pearls and harmonies
suspended from the loving heavens.

"Outside, a flight of sprightly houris
lifted their melody of sighs
when in the harem they had heard
100   songs of angels from Paradise.

"I was making for you a fine cloak,
inspired by that rich marble-work,
when I glimpsed amid the green grove
a bright and most beautiful bird.

105   "Leaping and hopping round the moss,
he bade me a very good morning;

215

sa veu era dolça, dolça,
com la mel de romaní.

Encisada amb son missatge,
110 vegí'm pendre el ric anell,
ton anell de prometatge,
d'art moresc florit joiell.

«Aucellet d'aletes blanques»,
li diguí, «per mon amor,
115 tot saltant per eixes branques,
ai!, no perdes mon tresor.»

I se'n vola per los aires,
i el meu cor se'n vola amb ell;
ai, anellet de cent caires,
120 mai t'havia vist tan bell!

Terra enfora, terra enfora,
l'he seguit fins a la mar;
quan del mar fui a la vora
m'asseguí trista a plorar.

125 Puix de veure ja el perdia,
i ai, llavors com relluí!
Semblà que al nàixer es ponia
l'estel viu del dematí.

Quan en ones ponentines
130 deixà caure l'anell d'or,
d'on, com sílfides i ondines,
veig sortir-ne illes en flor.

Semblava als raigs del migdia,
d'esmaragdes i robins,
135 petit cel de poesia
fet per mà de serafins.

his voice was soft, so very soft,
as rosemary honey outpouring.

"Fast under the spell of his message,
110   I saw him take the priceless band,
the ring of your promise in marriage,
that jewel of Moorish craft unmatched.

"I spoke to him: 'O white-winged bird,
darting lively among the brake,
115   by my true love and solemn word,
take care to keep my treasure safe.'

"And then the bird took to the sky,
and with him, too, my heart took flight.
Ring of five-score facets, good-bye!
120   Never have I seen you so bright!

"Over land and more land, behind
I followed as far as the sea;
and there at last I sat beside
the wide ocean and wept from grief.

125   "Suddenly he vanished from sight,
but at that same moment he let
go a glimmer that shone so bright
it seemed the daystar as it sets.

"When finally he did let fall
130   on western waves the ring of gold,
like sylphids and undines I saw
emerging isles in bloom unfold.

"They appeared in the noonday sun
as though rubies and emeralds,
135   a patch of poetic sky spun
by wondrous hands of seraphim.

Ell, cantant himnes de festa,
una garlanda ha teixit;
me'n corona humil la testa,
140   quan lo goig m'ha deixondit.

Aqueix colom és qui ens parla,
missatger que ens ve de Déu;
car espòs, hem de trobar-la,
l'Índia hermosa del cor meu.

145   Ve't aquí, Colom, mes joies;
compra, compra alades naus;
jo m'ornaré amb bonicoies
violetes i capblaus.—

Diu, i d'anells i arracades
150   se despulla, amb mans nevades,
com de ses perles un cel;
riu i plora ell d'alegria,
i amb son cor en harmonia,
perles, ai!, de més valia
155   llisquen dels ulls d'Isabel.

Ensems aguaita el sol dintre l'Alhambra,
i amb son raig amorós umple la cambra,
crostada d'or, topazis i safís;
i descloent-se en refracció il·lusòria,
160   enrotlla als tres l'aurèola de glòria,
que és l'ombra dels elets del paradís.

Troba Colom navilis, i en llur tosca
ala afrontant, magnànim, la mar fosca,
la humanitat li dóna el nom de *boig*,
165   al Geni que la duia, en sa volada,
de promissió a la terra somiada,
com Moisès per les aigües del Mar Roig!

"And singing festive hymns the while,
he wove a flowery wreath to humbly
grace my brow as crown, and then I
140   awakened from the ecstasy.

"He who speaks to us is that dove,
the envoy sent to us by God;
let us find, dear husband, my love,
the marvelous India in my heart.

145   "Here, Columbus, my jewels are yours;
go and purchase swift-sailing ships
to carry you to far-off shores;
I shall wear bluebells and violets."

So said, her graceful hands remove,
150   like skies shedding their brilliant jewels,
all rings and pendants; while he weeps
and laughs from the joy of it all,
and in harmony with his heart,
the most priceless are pearls that fall
155   as drops down Isabella's cheeks.

Meanwhile, the Alhambra glows with loving beams
sent by the sun throughout the hall in streams
ablaze on inlaid gold, topaz and sapphire;
and now the sunlight there deployed is seen
160   to wrap a glorious halo round all three:
mark of all who enter into Paradise.

Columbus finds his ships, and stouthearted, braves
on rugged sailing wings the darkest waves,
yet taken for mad by humanity:
165   the genius whose wings flung open the path
to the promises of the dreamed-of land,
like Moses through waters of the Red Sea.

Lo savi ancià, que des d'un cim l'obira,
sent estremir lo cor com una lira;
170   veu a l'Àngel d'Espanya, hermós i bell,
que ahir amb ses ales d'or cobrí a Granada,
eixamplar-les avui com l'estelada
i fer-ne l'ampla terra son mantell.

Veu murgonar amb l'espanyol imperi
175   l'arbre sant de la Creu a altre hemisferi,
i el món a la seva ombra reflorir;
encarnar-s'hi del cel la saviesa,
i diu a qui s'enlaira a sa escomesa:
—Vola, Colom… ara jo puc morir!—